神様とシンクロする方法
願いがどんどん叶う「奇跡の言霊」

與神同步

不斷顯化願望的奇蹟的言靈

心理諮商師
Masa 著
簡毓棻 譯

前言

你要過上「自然」就充滿奇蹟的人生嗎？

各位好。

感謝你拿起這本書。

因為你看見了它，於是我們有了這次的相遇。

眼前正在發生一個奇蹟。

這也是某種緣分，就算只是在讀這篇〈前言〉，也希望你能試著讀完。

我想問你一個問題。

你是否曾經許過願：**「我想要過一個充滿奇蹟的幸福人生」**呢？

如果對目前的人生感到滿足，這本書或許就不適合你。

因為這本書並不是用來學習知識的書籍，也不是像小說那樣的娛樂讀物，**這本書存在的目的是為了讓你的人生充滿奇蹟**。

「我想要過著充滿奇蹟的幸福人生！」

如果你曾經這麼想過，那麼，我們的相遇正是讓你願望成真的一大契機。

讓我再問一個問題。

「你是否知道，內心有個能喚醒所有奇蹟的『祕密』在沉睡著呢？」

那個「祕密」正是你的靈魂。

若用一句話來形容這本書，就是「**喚醒靈魂，讓人生充滿奇蹟與幸福的方法**」的工具書。

如果你正為了無法幸福而煩惱，恐怕是因為靈魂正在沉睡中。

為了召喚奇蹟，靈魂得要徹底覺醒，如此才能跟神所擁有的幸福波動同步（這裡所說的同步是 synchronize）。

人是用靈魂來與神連結。

在靈魂狀態良好時，就會開心地與神的波動同步。

但是，如果我們在成長過程中，遭受到各種外在噪音阻礙，就會使靈魂狀態變糟，導致無法與神同步。

你是否有過這樣的經驗？當感覺到幸運，胸口會變得溫暖、心情很好。

那正是靈魂正朝氣蓬勃地與神同步。

相反地，當什麼好事都沒有發生、什麼也感覺不到、內心感到寂寞，則表示你的靈魂與神不同步，且正沉睡著。

如果持續保持這樣的狀態，就會忘了有靈魂存在這件事。

你是否有察覺到靈魂呢？
你的靈魂是否正沉睡著呢？
如果此刻答案是肯定的，也沒關係。
我們來把沉睡的靈魂喚醒，找回與神同步的狀態。

喚醒靈魂的方法非常簡單。
只要念誦言靈就好。

所謂的言靈是指，帶有神的幸福波動的詞語。
使用帶有良好波動的言語，就能喚醒靈魂。
這正是言靈所帶有的力量。

言靈最大的優點是，**只須要重複說出某些語句就好，非常簡單。**
不須要花費金錢，隨時隨地就能簡單做到。

我至今未曾遇過做不到的人，也就是無法用言靈喚起奇蹟的人。

其實，我在二十七歲以前過著忘了靈魂存在、與奇蹟無緣的日子。

然而，自從我與言靈相遇，喚醒靈魂後，與神同步的機率越來越高。

討厭的人不再出現、擁有意料之外的收入、身體的不適也治癒了等等，我經歷了數不盡的奇蹟。

再加上擔任心理諮商師工作的緣故，我告訴了五千人以上言靈與靈魂的關係後，就如旋風般不斷發生超出個案本人與我所無法想像的奇蹟。

在這本書中，我會介紹至今經驗中，特別簡單且效果高的言靈，以及能輕鬆做到的方法。

一旦靈魂覺醒，提高了與神的同步率後，**奇蹟就會自然發生。**

內心的祈願能順利成真。

日子中將充滿奇妙的、超乎想像的、令人開心的事，每天都過得快樂得不得了。

充滿感恩的事一再發生，人生變得充滿感謝、幸福又豐足。

謝謝你耐心讀到這裡。

只要瀏覽這本書，就能讓沉睡的靈魂甦醒，提高與神同步的機率。

我希望能透過這本書，讓你體驗到神的奇蹟。

立刻就踏出創造「充滿奇蹟的幸福人生」第一步吧。

心理諮商師 masa

與神同步
「奇蹟言靈」的機制

讓我們從理解與神同步的構造，
逐漸增加同步率吧。

用言靈引起奇蹟的奇妙循環

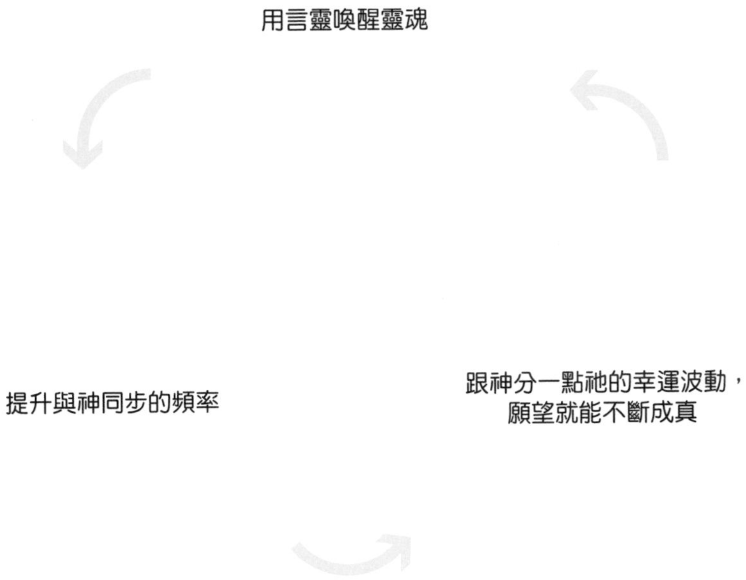
用言靈喚醒靈魂
跟神分一點祂的幸運波動，
願望就能不斷成真
提升與神同步的頻率

與神同步必須先知道的四個事實

讓我們與神同步，分得神
所擁有的、引起幸運的波動吧！
以下將介紹為了喚來奇蹟，要知道的關於
這個世界上的極簡單事實。

1

你的內在有靈魂

2

靈魂能讓你
與神同步

3

一旦靈魂不開心，
就無法與神同步

4

我們能以「言靈」
與靈魂對話

與神同步率檢查表

若與神的同步率不相同，即使以同樣次數大聲説同樣的言靈，展現出來的結果也會不同。為了找出與自身狀態非常吻合的言靈，讓我們先來確認目前與神的同步率。

請回答群組A～C的問題。當問題與自身狀況吻合，請在□裡打勾，最後再計算勾勾數。

群組 A

□ 已經快要放棄自己的人生

□ 懷疑真的會有奇蹟發生嗎

□ 身邊有不太擅長應付的人，幾乎每天都感到有壓力

□ 總是馬上就說出「但是」「反正」

□ 經常購物過度、月底帳單常付不出來

□ 容易疲勞、身體不適的天數也多

□ 對未來感到不安而睡不好

□ 有一個無論如何都無法原諒的對象

□ 跟父母或手足感情不好

□ 有很多想忘卻無法忘懷的回憶

群組A的勾勾數：

群組 B

□ 有無話不談的朋友

☐ 馬上可以說出三個今天的開心事

☐ 每天都覺得自己的人生是幸福的

☐ 除了家事與工作另有熱中的事物

☐ 知道心情不好時轉換心情的方法

☐ 遠離八卦與說他人壞話

☐ 曾經度過幾次困難

☐ 曾經掌握過機會

☐ 即使外食，一定會在吃飯前說「我開動了」

群組B的勾勾數：

群組 C

☐ 曾經在困難時，受到神祕力量的幫助

☐ 總是感謝養育自己長大的父母

☐ 一整天都在笑，笑到臉部肌肉都痠了

☐ 一個月會撿到一次錢

☐ 樂於工作，宛然對待天職般盡力

☐ 不曾跟認識超過十年的夥伴或戀人有過口角

☐ 十年以上不曾進出大醫院

☐ 三分鐘就能安然入睡

☐ 每天會把感謝之意傳達給他人超過十次

☐ 每天感謝四個人

群組C的勾勾數：

將與神同步率檢查表中的勾勾數加總，計算出同步率。

計分方法

群組A，請把勾勾數乘以-1分
群組B，請把勾勾數乘以3分
群組C，請把勾勾數乘以7分
將三個群組的分數加總。

分數結果表

40分以下 → ★ 同步率低於30% 沉睡區
41～60分 → ★ 同步率 30~50% 覺醒區
61～80分 → ★ 同步率 50~70% 好狀態區
81分以上 → ★ 同步率 70% 與神有共鳴區

你的同步率是多少呢？

無論同步率是高是低，請各自尋找合適的章節閱讀，並找出適合自己念誦的言靈。

如此一來，將能更提高你的同步率喔。

同步率低於30% 沉睡區

靈魂還處在沉睡狀態中。請先從本書的第一章開始閱讀，輕輕喚醒靈魂。

→來吧，喚醒你的靈魂吧。 往第一章

同步率 30～50% 覺醒區

可以稍微與靈魂對話。讓我們使用言靈來好好跟靈魂做朋友吧。

→快跟靈魂成為朋友吧。 往第二章

同步率 50～70% 好狀態區

靈魂也很喜歡你。讓我們來學習善用言靈的方法，就能提高效果。

→把只屬於你的願望裡放入言靈吧。 往第三章

同步率 70%以上 與神有共鳴區

你與靈魂是堅固的夥伴關係。身處此區的你，應該已經是被奇蹟包圍著，正閃閃發光。

→讓我們召喚來更多奇蹟吧。 往第四章

Contents

第1章

同步率低於30%沉睡區
讓我們喚醒靈魂吧

第2章

讓我們跟靈魂越來越合拍

同步率30～50%覺醒區

第3章

在你的願望中放入言靈吧

同步率50～70％好狀態區

第4章

同步率70％以上 與神有共鳴區

讓我們為人生帶來更多奇蹟吧

序章

Prologue

與神同步的基礎知識

我們以靈魂與神相連結

靈魂是你與神相連結的存在。

說明時，我經常用智慧型手機作比喻。

智慧型手機是接收天線、電波的通信機器，有時候訊號接受順暢，有時候則否。

靈魂也是如此。當狀態好，就容易與神相連結，但當靈魂沉睡或是狀態不好，就難以與神相連結。

大家應該已經測完前面的「與神同步率檢查表」了。

若還沒做也沒關係。只需要一分鐘就能簡單完成，請務必回頭去填填看。

我作為一位心理諮商師，平日會接受個案諮詢，其中，有許多人都煩惱於「我明明為獲得幸福而努力，人生卻沒有變好」，這些人的靈魂大多數都沉睡在內心一隅。

也就是，與神同步率屬於三〇％以下的「沉睡區」。

所謂的同步率低於三〇％，是指人難以取得神所帶來的幸運波動的狀態。

由於靈魂這個接收器的敏感度極差，因此無論如何努力都無法召喚奇蹟。

如果再用智慧型手機來做比喻，就是**好不容易你手上握有一個高性能的手機，卻在無訊號區域。**

這樣一來，就算想要達成願望，應該也無法實現。

只要當與神的同步率從三〇％提升至五〇％，甚至七〇％，並此時採取行動，即使是同樣的願望也能帶來戲劇性的結果。

這本書中寫了許多只有不斷召喚奇蹟的人才知道的訣竅。

要知道，人生並不如你想像得長。

首先，就試試這些訣竅，應該能讓你越來越接近奇蹟。

言靈是提高與神同步率的關鍵

其實，提高與神的同步率非常簡單。

只要使用能讓神或靈魂感到開心，「具有好波動的語詞」就好。

只要召喚靈魂、讓靈魂注意到我們、讓靈魂處於良好狀態，靈魂就會讓你跟神有更密切的同步。

然後，這個**讓靈魂處於良好狀態的「具有好波動的語詞」，正是言靈。**

嚴格來說，言靈分有具有好波動的「好言靈」與具有不好波動的「壞言靈」。本書中，則是把神或靈魂最愛的「具有好波動的語詞」稱為言靈。

在日本，人們自古以來就相信「語言具有奇妙的力量，說出口的話會帶來相應的結果」，所以非常重視言靈。

當時人們藉由重視言靈，來讓自己謹記靈魂的存在。

比方說，大考時節，人們會留意盡量不在考生面前提到「掉落」「滑落」等語詞。

另外，相信有不少人曾經驗過，小時候不小心跌倒、身體受傷時，大人說「痛痛飛走～」後，真的就不感覺疼痛了。

言靈所具有的力量，現在仍滲透進日本人的生活中。

只要習慣選擇具有好波動的詞語並使用它們，就能逐漸提高同步率。

與神百分百同步的四個步驟

至今，我親身見證了超過五千位個案，在使用了言靈後，他們身上發生了超乎想像的變化。

另外，透過 Youtube、X（Twitter）等的社群媒體，有超過十五萬人向我回報說，使用我的這個方法後，獲得了好結果。

舉例來說，有以下這些回饋：

「帶三個孩子的單親媽媽在與某人邂逅後，一個月內被對方求婚。」

「從煩惱已久的憂鬱症中痊癒了。」

「兼職生活總是讓我存不到錢，也總是延遲支付信用卡費。但我終於脫離了那樣的生活，並找到一分理想的工作。」

「跟我不合的主管職務調動，現在我工作起來開心多了。」等等

其他還有包括終於受孕成功等，人生因而產生大轉變的人多不勝數。

這本書中，要為你介紹召喚這類奇蹟的言靈與方法。

即使是以同樣次數大聲說同樣的言靈，有些人會出現戲劇性效果，但也有些人並不會出現任何效果。其中最大的原因就在於與神同步率的差異。另外，因為同步率不

同，適合使用的言靈也不一樣。

因此，為了找到適合自身狀態的言靈，我用同步率高低順序來作為本書的架構。

這四個順序就構成了這本書的內容。

同步率低於三〇％ 第一章——讓我們喚醒靈魂吧。
同步率三〇～五〇％ 第二章——讓我們跟靈魂越來越合拍。
同步率五〇～七〇％ 第三章——在你的願望中放入言靈吧。
同步率七〇％以上 第四章——讓我們為人生帶來更多奇蹟吧。

我想告訴你的是，要選擇具有好波動的詞語＝恰當的言靈，並大聲說出口。大聲說出言靈，讓靈魂處於好狀態，就能提高與神的同步率。

不用把這想得很困難。

經常有人這樣問我：「即使我不相信也行嗎？」答案是沒問題的。關於這類不安，我會在第一章中跟各位說明。希望各位能安心地試試看。

這是一個任何人都能簡單學會，也有望出現最強奇蹟效果的方法。

因為我們活用了言靈的能量。

即使感覺已經來不及也沒問題

我想，該不會讀到這裡的讀者之中，有不少人是擔心地想著：

「我懷疑，我是以再也找不回靈魂的程度忽視祂很久……」

「說不定我的靈魂真的很憤怒……」

沒問題的！我從來沒遇過太遲的人。

如果感到不安，可以聽聽我的經驗。以前，我很容易惹怒我的靈魂。

身為心理諮商師，至今我協助過許多人解決煩惱，讓他們的人生好轉。

但是，二十幾歲接近三十歲時，我的人生完全陷入絕望，我每天心裡都想著：「說不定我乾脆死一死還比較好……」

我二十四歲時，媽媽得了憂鬱症。

為了照顧媽媽，我辭去正職工作，開始了相對時間較自由的超商店員工作。過了一年，即將滿兩年時，我身邊的朋友出社會都在工作上發光發熱，相對於他們，我開始焦慮地想著：「自己到底在做什麼呀？」

媽媽的病看起來沒有好轉的可能，甚至連醫生都宣布說「一輩子無法痊癒」。

不僅如此，屋漏偏逢連夜雨般地，從大學時代開始就跟我交往了七年的女朋友也提出了分手。

在衰事連連之際，我跌落了人生谷底，心裡想著：「為什麼會變成這樣？」

無從宣洩的情緒，某天突然出現出口。因為我想起，在我租屋處與工作的超商中間有一間神社，而我打算去向神明抱怨。

於是，從那天起，我每天都到那間神社報到，惡狠狠地向神明抱怨著「混蛋」「開什麼玩笑」「為什麼我的人生會變成這樣」。

持續這樣的日子一年左右，某日我又到神社報到，**那時，我的日子也過得糟到不能更糟，我對著神明大吼道：「如果真的有神，就顯現奇蹟給我看！」**

隔了幾天後，我去到書店，在書架上看到了一本閃閃發亮的書。

那本書上寫著「只要大聲說出正面的語言，人生就會如同語言那樣顯化。但如果你總是說著不平、不滿、抱怨、泣訴、壞話等，人生就會照你說的那樣顯化。」

讀完這段話，我愕然發現：「咦，這不就正是在說我嗎？」因而深受衝擊。

難道是因為負面的語詞，才讓我在不知不覺間，自己創造了不幸的人生。

而且我還每次經過神社，就在神的面前不斷說出負面語詞。

當時我靈魂的狀態，變得越來越不好。

另外，那本書上還寫著「每天說一百次『我真幸運』『謝謝』等好的語詞，並持續一百天後，就會有奇蹟發生，請試試看。」我懷抱著死馬當活馬醫的心態，向神明許願：「現在開始，我會每天說一百次『我真幸運』這個言靈，而且絕對會持續一百天，神啊，請讓我母親的疾病痊癒。」然後開始大聲說起言靈。

大約經過九十天，被醫生宣布可能不會痊癒的母親，竟然逐漸恢復健康。

看著越來越有精神的母親，我深深感覺到：

「我內在真的有著靈魂。」

「世界上果真有言靈之力。」

「奇蹟出現了！」

自那之後，我開始大量閱讀任何能取得的與言靈、波動、潛意識等相關書籍，也積極參加相關講座。

然後只要發現感興趣的事物，我都一定會試試看，並從中挑選出身體有感覺的，創造並統整出一套獨自的言靈活用法。

這就是這本書要介紹的「讓靈魂處於良好狀態，跟神同步的方法」。自從我找到這個方法，至今我跟個案便體驗到了許多充滿奇蹟的驚奇人生。

找回靈魂的良好狀態就在現在這個瞬間

靈魂總是蠢蠢欲動地想要幫上你的忙。

而且，靈魂為了讓你能真正面對你的想望，總會引導你去遇見最好的事。

就如同我即使曾在神社做出那麼惡劣的行為，祂也沒有捨棄我，甚至安排我看到那本言靈的書。

你之所以拿起這本書，或許也是因為你的靈魂正處於覺醒的瞬間。
靈魂正在傳送「快注意到我」的訊息給你。
藉由言靈的奇蹟，人生無庸置疑地能往好的方向轉變。

「恭喜你！」

謝謝你很重視這個因為你的靈魂而帶來的相遇。

首先，請試著先瀏覽整本書吧。
光只是這樣，就能讓靈魂瞬間轉變成良好狀態。

然後，我希望你能邊練習每一章裡的 work 部分，把這本書讀個兩、三遍。
每讀一次，都會逐漸提升與神的同步率，奇蹟就會降臨。

快速複習！序章的內容整理

★「靈魂」是為了讓神與你相連結的存在

・一旦靈魂處於良好狀態，我們就容易與神連結，然而，如果靈魂處於不好的狀態，我們就難以與神相連結。

・同步率越高，越能與神所具有的召喚奇蹟的幸運波動同步。

★「言靈」是提高同步率的關鍵

・具有好波動的詞語等同於，只要用言靈召喚，靈魂就會處於良好狀態。

★ 與神100%同步的四個步驟

・一旦同步率不同，言靈效果的出現方式也會不同

・為你介紹各個同步率所適合的言靈

同步率低於30%「沉睡區」→第1章

同步率30～50%「覺醒區」→第2章

同步率50～70%「好狀態區」→第3章

同步率70%以上「與神有連結區」→第4章

★ 即使覺得已經來不及，也沒問題的！

・至今我從未遇見過來不及的人！

第 1 章

同步率低於 30%
沉睡區

——

讓我們喚醒靈魂吧

你的靈魂正等著你察覺到祂

如同我前面所說的，靈魂本來就是百分之百與神的能量同步，並能讓你願望成真的存在。

只不過，一旦我們長期忽略靈魂，祂就會不再為了你而努力，進入休眠狀態。

明明費盡努力，卻感覺不到幸福正在靠近……

當你有所察覺，請想成是靈魂正在鬧脾氣。

重要的是，要能察覺到「作為總是支持著你的最強夥伴」的靈魂，確實是一直陪伴著你的。

在第一章中，我將介紹用心察覺靈魂存在，並讓靈魂處於良好狀態的方法。

特別是，如果在「與神同步率的檢查表」中，同步率是低於三〇%的沉睡區的人，請順著章節讀下去。

試著想像一下靈魂

如果覺得「現在突然跟我解釋說靈魂是如何的存在，我一時抓不到頭緒……」，讓我來為你說個比喻故事。

這是在我母親從憂鬱症康復後，我們全家去溫泉旅行時所發生的事。

那天，我跟父母吃完晚餐後就回到了旅館房間休息。

此時，母親突然說了一段話：「真的很謝謝你能帶我來旅行。但最令我感到開心的是，你每天都能開心生活。」

聽到母親這一番話，我感動地眼睛噙滿淚水。

我想，靈魂就像是母親般的存在吧。

當一回過神來，就會發現祂一直在你身邊，不期待你為祂貢獻什麼，只期望著你能總是笑開懷地開心度日。

而且，只要是你想望的事物，祂都會幫你實現願望，在你身旁蓄勢待發地等待著。

然而，如果總是沒有察覺到靈魂的存在，總是背向著祂，靈魂會困惑於不知該如何才能與你相接觸。

這正是我們的靈魂。

你能想像了吧。

靈魂的願望是希望你自己被珍視

理解靈魂的樣貌後，我想問你一個問題。

你知道靈魂最討厭的事物是什麼嗎？

老是在生氣？欺負他人？犯罪？

當然，以上這些事靈魂都不喜歡。

但是，靈魂最討厭的是，你自己欺負自己。

因為，靈魂最喜歡你。

靈魂總是準備好，為了你的幸福要幫你跟神同步。

即使你忽略祂，或是忘了祂的存在，祂也只會沉睡而已。

祂絕對不會遺棄你。

祂是你最強的夥伴。

正是因為祂最喜歡你。所以，靈魂會希望你能好好珍視你自己。所以，一旦你開始與他人比較而有了自卑感，或是你放棄自己時，靈魂就會感到失望而萎縮。

現在回想起來，一開始我的同步率也是低於三〇%的「沉睡區」。不只是忽略靈魂的存在，還是每天都光抱怨對世界的不滿，整個人完全處於欺負自己的狀態。

然而，我從那樣的狀態開始一點一點地承認靈魂的存在，最後終於讓祂回到良好狀態。

各位讀了這一章，如果能察覺到「該不會我也同樣是忽略靈魂存在，總是做著靈魂討厭的行為吧」時，正是讓靈魂覺醒的第一步。

要記得，沒有所謂的「太遲了」這件事，所以請開始常觀想靈魂，一步步讓靈魂回到良好狀態吧。

願望真的是「你」的東西嗎

來找我諮商的那些靈魂正在沉睡的人們之中，最多的煩惱就是「不知道自己要做什麼」「老是靜不下心來，無法得到幸福」。

當我遇到提出這些煩惱的個案，都會問他們：

「什麼樣的願望成真，你才會感覺幸福呢？」

當個案告訴我具體的願望後，我接著會問。

「這個願望是你真心想要達成的願望嗎？」

即使他們聽到我的提問：「你的幸福是什麼」「你的夢想、願望、想做的事是什麼？」他們也無法立刻應答。

就連他們頭腦裡浮現的畫面，也還是不脫身邊的人或社會所描繪的「理想圖」，即便請他們試著重新思考，也很難貼近自己。

事實上，這些個案的狀態是「完全不瞭解自己內心所想望的事物究竟是什麼樣貌」，卻茫茫然地渴望著幸福。尤其是與神同步率低的人，許多都陷於這樣的狀態中。

比如說，即使想要完成以夢想：「想賺到一億日圓」「想要搬到夏威夷去住」「想要買名牌包」，但**如果這些都不是「你」真心想望的，靈魂就會毫不理會，更不會幫助我們實現願望**。

靈魂會明白，那些願望是不是你真的想要的。

因為靈魂是從你出生那一刻起就跟你同在，理所當然會非常瞭解你。

要知道，靈魂想要實現的是，你「真正的」願望。

其實，以前我也曾有過這樣的願望：「我想住在超高層大樓裡」。因為大多數的成功人士都住在那樣的大樓裡，是身分地位的象徵，所以我很嚮往。

我把超高層大樓的圖片貼在我的手帳裡，每天翻看，也跟朋友宣告說：「將來我要住那裡。」然而，我卻一丁點也沒有覺得願望會成真。

日子就這麼過著，直到有一天，有位認識的人邀請我到他那個看得見彩虹橋，根本就是超高層大樓的住所去作客。於是，我手提著伴手禮，出門去真正的超高層大樓。

令我感到訝異的是，我竟然一點也不興奮。

無庸置疑地，從朋友房子的窗戶看出去，當然是美得不得了的景色。

然而，**究竟為何，我一點也不感到興奮呢？**

應該是靈魂正在告訴我：「你的幸福並不在超高層大樓。」

就是那一天，我把原本貼在手帳裡的超高層大樓圖片給撕了下來。

正是因為強烈地想要變得幸福的這個願望，因而設定了看來似乎只要願望達成就能幸福的目標與願望，然後努力。然而，一旦願望沒有成真，就會認定自己不能得到幸福。

像這樣，為了無法變得幸福而煩惱著，是一件非常可惜的事。

但我認為，即使焦慮到無法設定目標，人也是能夠非常幸福的。

因此，請不要焦慮。

因為不焦慮，你也能獲得幸福。

只要能察覺靈魂的存在，並試著側耳傾聽靈魂的聲音。

只要這麼做，**靈魂應該就會慢慢地告訴你，你真心想要達成的願望與想要做的事。**

選擇帶有好波動的言靈

當我照護母親而感到疲憊不堪，對人生充滿絕望，並在神社前大吼著「混蛋」「開什麼玩笑」「如果真有神存在，就弄個奇蹟來看看」之後，我在書店看到齋藤一人老師關於言靈的書。這件事，前面我提到過。

最初，**對於言靈，我根本不知道該說什麼樣的詞語比較好，在齋藤一人老師的書中，提到了「天堂詞語」「地獄詞語」，這幫了我很大的忙。**

其實，一開始我拿到言靈的書時，是懷抱著半信半疑的心情。

然而，當我讀到齋藤一人老師的簡介，發現他不但是位企業家，同時也是「銀座marukan（銀座日本漢方研究所）」的創辦人，這項頭銜引起我極大的興趣。

事實上，由於我是法律系出身，對於剛認識的對象，基本上都會抱持懷疑的心態，不會全盤接受他人的說法。

此時，我的心中也是懷疑著「言靈究竟是真的嗎」。

但是，當我想到「這可是日本繳稅第一名的企業家，應該不須要冒著損害自己名譽的危險來出書吧」，於是就試著按照書裡的說法去做。

齋藤一人老師把**只要說出口就能獲得幸福的詞語稱為「天堂詞語」**。書中列舉了八種所謂的天堂詞語，諸如「我愛你」「我很幸運」「謝謝你」等。

相反地，他把**不能說出口的詞語稱為「地獄詞語」**。諸如「我很不幸」「不公平、不滿意」「絕不能原諒」等。

不論是好詞語或是壞詞語都含有能量，所以會成為對靈魂及人生都會帶來極大影響的言靈。

在選擇言靈時書中提到的詞語可以作為參考，有興趣的讀者請務必試著研究看看。

這裡，我把從自身經驗中所發現的「好言靈」「壞言靈」的選擇方法做個介紹。

依時代不同，詞語所帶有的語感也會改變，因此，每個人適合的言靈也不盡相同。但藉由找到當下適合不同人的不同言靈，就能提高言靈效果。

我所提倡揀選好言靈與壞言靈的方法很簡單。

試著說說看，看自己是不是感覺到「這個聲音真好聽」，心情也能變得開朗。好的言靈會具有與神相同波動，具有幸運波動。因此，試著問問靈魂，只要靈魂感到開心，那就是好言靈。

相反地，要找出壞言靈時，也試著說出口看看，意識看看是否有覺得怪怪的，說完後感覺不好的狀況。

比方說，試著說說看「我身上只會發生好事」「不用努力也沒問題」「人生會超乎我所期望的好」，如果說完心情會變得積極正向，那麼對你來說就是好的言靈。

其他像是「胸口蹦蹦跳」「心情雀躍」等表示愉悅心情狀態的詞語，如果你聽起來感覺很正向，那就算是好的言靈。

另外，像是祝福對方的「恭喜」、安慰對方的「你辛苦了」等，只要說的人跟聽的人都能感到心情開朗，也算是好的言靈。

如果是靈魂正在沉睡，或是處於不好狀態的人，要請回頭檢視一下，自己平常是否習慣說出壞的言靈。

假如發現到自己平時都把壞言靈當成口頭禪，**請停止再使用壞言靈，改變習慣說些好言靈**。

在這裡，我要介紹一個使用言靈時的重要訣竅。

那就是，不要坐等好事發生才開始說言靈，要在好事發生前就開始說言靈。

事實上，言靈的厲害之處在於，先有言靈，而後奇蹟才會受到言靈的召喚而來。因為，先說了「好開心」「好歡樂」等的言靈，才會吸引來想要說出「好開心」「好歡樂」的事件。

從腦科學的角度來看，人如果先說言靈，大腦會依照說出口的狀況而運作。細節會在之後解釋，總之，**因為大腦具有一種作用是會努力找出已經意識到事物**。

因此，即使還沒有發生好事，只要嘴裡說「好開心」「好歡樂」的話語，大腦就會找出能讓人變得開心快樂的事物。也就是說，說多少好言靈，就會引起多少好事。

而且**好言靈本身的聲音就具有靈魂最喜歡的「幸福波動」**。

多說好言靈就會有很多好事發生，而且靈魂會很開心。

正可說是一石二鳥。

Work ① 使用O環檢測找出好的言靈

接下來，為了讓各位實際感覺一下言靈的力量，我們要來做個練習。

有個**用來判斷藥劑等物是否適合自己身體的技術，稱為O環檢測**。

人體原本就是極其敏感的探測機，一旦有不適合的藥劑靠近身體，或是放在手掌上，肌肉緊繃程度就會下降。而O環檢測就是基於這個原理所研發出來的一種測試法。

做法相當簡單。

首先，請把其中一隻手的大拇指與另一隻食指做成一個環狀。然後請家人或朋友試著拔開這個環。你則要用力維持手指的環狀，盡可能地抵抗被拔開的力道。

此時，一開始請說出「謝謝」等好言靈，第二次請說「我好累」等壞言靈。

請比較這兩次，O環被拔開難易度的不同。

結果，是不是在說好言靈的時候，O環比較堅固，難以被拔開呢？

O環檢測是一項被超過世界四十餘國拿來研究，並運用於臨床現場的技術，也能夠拿來當作判別哪些類別的水或食物適合自己身體的標準。

這項檢測不單只是拿來判別好言靈或壞言靈的能量，也能對多方事情進行檢測。

讓靈魂變成良好狀態的言靈構造

「言靈究竟是如何讓靈魂轉變為良好狀態的呢？」

經常會有人這樣問我。

我經常用放在杯中的泥巴水來譬喻靈魂處於良好狀態這件事。

我們出生那天，靈魂就已經處於極佳狀態，並與神百分之百同步，宛如將純淨透明的礦泉水倒入玻璃杯裡的狀態一樣。

然而，在我們成長過程中，只要懷疑自己、否定自己，或是試圖迎合世界價值觀而不珍視自己時，玻璃杯中的水就會變得混濁。

如果再加上經常把不平、不滿、抱怨等壞詞語掛在嘴上，那麼玻璃杯中的水（靈魂）就會變得越加混濁。

這樣一來，靈魂將會充斥著噪音，無法再好好發揮與神的幸運波動同步的功能。

所謂的言靈，就是具有將這已然混濁的杯中水，再度注入純淨的水的功能，讓靈魂能被這幸運波動所充滿。

無論這杯水原本有多麼混濁，只要一點一滴緩慢注入乾淨的水，泥巴水也會滿溢出來而流走的。

只要不間斷地追加純淨的水，最終，杯中水總會回復澄淨狀態。

有個能證明好詞語具有能量的實驗。

江本勝先生本身是替代療法醫學博士，也是位作家，他的著作在世界四十五個國家銷售超過三百萬本。江本勝先生曾做過一個實驗，他把對著水說「謝謝」「愛」等積極話語，以及說「混蛋」「戰爭」等負面話語的水結晶加以拍照。

依據那個實驗，**聆聽好話語的水呈現出了六角形的結晶，而聆聽壞話語的水則呈現沒有結晶的狀態。**

這個實驗結果在世界上受到關注，引發正反兩面的熱烈討論。

看過各種意見後，我認為，這個實驗結果正是好詞語，也就是言靈確實具有能量的證據。

言靈是由聲音組合而成，所謂的聲音就是波動，是力量。

在我們身邊，最能發揮超強力量的詞語就是言靈。

就算不用心也有效果的言靈

我認為，「謝謝」是世界上最美、最響亮的詞語。

在日文裡，謝謝的漢字寫成「有難」。

「有難」是，原本難以實現、難以得到卻得到了、發生了，對於這樣的變化表達感謝的詞語。

「這件事如果沒有你，就不會發生喔」「因為你才發生的奇蹟喔」對於想要把這樣的感謝傳達給對方的話語就是「謝謝」。

「謝謝」這個詞語自古就有許多人使用，因此是含有超乎想像的大量正向能量的詞語。

我們的基因很清楚的知道，「謝謝」是用以表達奇蹟與感謝的。因此，「謝謝」是能讓靈魂覺醒、容易與神同步的最強詞語。

在日本的室町時代（西元一三三六年）之前，人們從神佛那裡得到稀有的恩惠時才會使用「謝謝」這個詞語。因此，「謝謝」所擁有的感謝的波動是與神所擁有的波動相呼應的。

即使到了現代，「謝謝」仍舊是最強的詞語，能為說者以及聽者都帶來幸福。所以，為了親自體驗言靈的效果，首先只要從試著脫口說出「謝謝」開始就好。

當我跟有煩惱的個案諮商，也曾有個案向我詢問道：「說謝謝時，不是真心實意的可以嗎」。

當然沒問題。**就算不是真心實意也可以**。

即便心懷疑惑，想著：「真的會有效嗎？」也沒問題。

或者，即使疑惑地邊想著：「這樣又會發生什麼好事呢？」邊說出口，也沒關係。

原因剛剛已經說過了，因為**「謝謝」兩個字濃縮了感謝的能量，是具有非常強能**

量的詞語。說出「謝謝」能獲取從前許多人所累積的全部能量。

即使如此，仍不能信服的人，請試著在做O環檢測時，不那麼用心地說「謝謝」看看。

即使不用心，應該也能感覺到，兩隻手指圈成的環是難以拔開的。

當然，如果誠心誠意不斷說著「謝謝」，效果絕對會更好。

然而，與其東想西想卻遲遲不願意嘗試看看，不如實際上去試一次更重要。

Work ② 練習說覺醒的「謝謝」一千次

那麼，我們就試著實際來說「謝謝」。

早晨，在床上醒來時，試著說「謝謝」一千次。

有人或許會說「什麼？一千次？這麼多！」

然而，**說一千次謝謝並沒有想像中那麼困難。**

說得快的人只須要花費八分鐘，慢慢說也只要十二到十三分鐘。

比想像中要來得簡單得多。

我習慣每天早晨說一千次的「謝謝」，大約花費十分鐘左右。

當然，如果覺得「早晨時間很忙碌，沒那個美國時間」的人，一天內分成幾次也無妨。

邊刷牙邊說一百次，從家裡走到車站邊走邊說五百次，等紅綠燈時兩百次，邊泡澡邊說兩百次，這樣就一千次了。

如果這樣也做不到，實在過於忙碌撥不出時間來時，那一天一百次或兩百次也可以。即使再少一點，五次十次也沒問題。

只要想到，就多說幾次「謝謝」。

首先重要的是，要有積極想要試試看的心情。實際說「謝謝」看看，會成為讓你

人生發生變化的小小種子。

選擇慣用、自然的言靈

如前述，感謝的詞語是最強的言靈。

尤其是「謝謝」這個詞語從很久以前就使用至今。說「謝謝」時，就是在借用自古以來的能量，所以謝謝是非常有力的詞語。

然而，有人就是沒辦法說出「謝謝」「感謝」。

目前正處於非常艱困時期，對任何人事物都無法說出感謝。

內心毫無感謝之意，想著「反正就只是個詞語而已」然後說「謝謝」。

明知不用心說也沒關係，但總覺得怪怪的。

發生上述三種狀況時，只要改成自己覺得自然、能接受的詞語就好。例如，「一定會變好」「船到橋頭自然直，沒問題的」「我已經非常努力了」。

當初我是先看到了齋藤一人老師的書上寫著：「每天說一千次『我真幸運』這個言靈，持續說一百天，把這件事當作修行看看。」由於我很喜歡「我真幸運」這句話，因此一開始我是從說一千次「我真幸運」開始。

如果「我真幸運」「開心」「太棒了」是你很有感覺的詞語，就請試著說說看。

另外，我們有時候也會聽到人家說的不是「謝謝」，而是其他方言中的「謝謝」。

當然，**只要是平常使用的，你習慣的說法就行**。

住在以英文為母語國家的人，當然也可以說「Thank You」。

另外，不是說「謝謝」，而是「謝謝」的變形版，像是「甘蝦」「感恩」等也無妨。

前面提到，「早晨眼睛睜開說一千次『謝謝』的練習」，充其量是想要跟各位說，只要在日常生活中增加說好話的機會，你就會實際體會到它所帶來的變化。

重點是，如果你發現好像有什麼改變發生時，就試著換成更貼切的詞語。

如果你覺得沒太大感覺卻還是持續說著那個言靈，那麼就很難出現效果，而且也不容易持續做下去。既然要開始試試看了，建議還是要找自己很有感覺的詞語。

說越多，那個言靈越能成真

「一千次，門檻還真高呀！」

面對這樣抱怨的人，我經常會請他們這樣試試看。

「請找找現在身邊有的紅色物品。」

我一這樣說，他們就會把視線範圍內所看到的紅筆、紅筆蓋等說出來。

在我們沒有意識到之前，眼睛看不到的東西，在我們開始有意識時就紛紛出現了？

在這個實驗中，可以把紅色改成藍色或黃色都沒問題。

大腦有個構造是，因為意識到某物而會從眼睛所看到的諸多物品中辨識出來。

因為這個構造，當我們不斷重複著「謝謝」越多次，大腦越會專注地找出能讓我

們說出「謝謝」的狀況，因而吸引那樣的狀況前來。

若一天說一百次「謝謝」，就會發現一百次值得感謝的事件，如果說一千次，就會出現一千次值得感謝的事件。

當瞭解到這件事，不僅是說十次，你應該會想說上一百次或是乾脆說一千次吧。

Work ③ 實際感受到效果的「言靈百日貼紙」

有些個案會抱怨說：「一旦決定好次數就感覺很有壓迫感，也覺得很難做到。」

這個時候，**我會請個案想一個跟次數無關的規則，試試看不要拘泥於次數上也可以。**比方說，決定好在一段時間內去做，通常我會建議「試著說三分鐘」「只在做菜時說說看」。

只不過，如果是真心想要改變人生，我會建議，首先要連續三個月，每天說一千次的「謝謝」。

我自己的經驗是，在開始說言靈約一百天後，我母親的憂鬱症奇蹟似地消失了。我從其他人那裡得到的心得也大多是，連續三個月每天說一千次「謝謝」，靈魂的狀態就會出現極大的變化。

也就是說，想要如願過著期望人生的基本門檻是，「一天一千次 X 三個月」。

因此，我設計了可以實行一百天、每天一千次的「言靈百日貼紙」，並正好好地運用中。

你可以直接使用下一頁的檢查表，或是在自己的筆記本上畫線做表格。

請務必每天確認，試著做滿一百天。

Work③｜言靈 100 日貼紙

請把念誦了言靈那一天的日期填入

表格中，目標是一百天。

1	2	3	4	5	6	7	8	9	10
11	12	13	14	15	16	17	18	19	20
21	22	23	24	25	26	27	28	29	30
31	32	33	34	35	36	37	38	39	40
41	42	43	44	45	46	47	48	49	50
51	52	53	54	55	56	57	58	59	60
61	62	63	64	65	66	67	68	69	70
71	72	73	74	75	76	77	78	79	80
81	82	83	84	85	86	87	88	99	90
91	92	93	94	95	96	97	98	99	100

早晨起床時與晚上臨睡前是黃金時光

為了在實現言靈時不感到有心理負擔，有個偷吃步的方法。

那就是，採取與「刷牙」「泡澡」等每日例行公事一樣，**在固定時間跟地方念誦言靈，也就是把這件事納入日常生活的習慣中。**

比方說，我是這麼決定好念誦言靈的時間：

- 早晨睡醒就在被窩裡說一千次「謝謝」。
- 坐車移動時，在抵達目的地之前，說「謝謝」「我很幸運」。
- 泡澡時，邊想像著幸福的未來，邊說著「真幸福」「真富足」。

如果是每天運動的人，事先決定好「我要在走到車站前說五分鐘」，如此一來就會變得比較容易實行。

另外，就算是比較常待在家的人也可以試著這樣決定時間：「燙衣服時念誦言靈」「煮飯時就是言靈時間」等。

讓念誦言靈變得有意思的訣竅之一就是，自己決定好規則，像這樣「我要試著說自己的幸運數字三三三次」。

說到像是在玩遊戲般的屬於自己的規則，我會在等電車進站時，或是等紅燈變綠燈前，開心地玩個「看這次我能說幾次『謝謝』吧」的言靈遊戲。如此一來，等待的時間也不會有壓力，完全是一舉兩得。

我還聽說，有些個案會把寫著「謝謝」的紙條貼在家裡玄關、廁所或是汽車的遮陽板上，只要一看到就唸出來。

這也是讓人印象深刻的好方法。

另外，也有人常問我：

「是否有念誦言靈的最適合時間？」

如果是為了提高言靈效果的最佳時機，我覺得是在剛睡醒的時間，以及躺上床準備睡覺前。原因在於，這麼做可以讓思緒停止，而且這段時間是話語能直達靈魂的「黃金時間」。

所以，早晨睡醒時，即使少少說個十次也好，我希望各位能試著說「謝謝」。

有時候，有些個案有「會經常做惡夢」的煩惱。

仔細聆聽個案敘述後，會發現他們喜歡在每天晚上陪小孩睡覺後，自己再讀恐怖小說。

這時，我會跟個案說，夜晚是靈魂的黃金時間，希望他們盡可能在白天讀恐怖小說，睡前則最好改讀能讓心情開朗的故事，或是聆聽能讓心情放鬆的音樂。

如此一來，只需要幾天時間，他們就不會再做惡夢。

黃金時間真的很有力量。

任何時候開始，人生都會有大轉變

一次做一點也沒關係，只要持續把好言靈注入到靈魂裡，就能調整靈魂的組成。

當我這麼說，有不少個案都會跟我說：「但我都已經快要四十歲了，而且之前一直都在說壞言靈」「現在才開始真的可以改變嗎」。

對於這些個案，我都會跟他們這樣說：「**就算這四十年來你都說壞言靈，也不需要用同等時間才能喚醒靈魂。**」

接著，我用我實際經驗來說明，當我們開始使用好言靈究竟會發生怎麼樣的變化，以及程度如何。

我自己在尚未認識言靈的二十七歲前，一直都屬於負面思考的人，每天不是責備自己就是否定自己，對人生總有一堆不滿與抱怨。

二十七年來，我都把壞言靈當作口頭禪。

然而，我決定要「**每天說一千次『我很幸運』**」後，**經過一個月左右，慢慢就開始發生了變化。**

某日，有一位從來不曾開口跟我說話的歐吉桑，突然對當時仍在便利商店打工的我說：「你最近經常露出笑臉耶。」

而且，我去圖書館時也發現，原本想借的書居然剛好就放在「本日還書區」那一個角落裡。

有時，才剛想著「晚餐要不要吃咖哩」時，一到超市就看到「今天是咖哩日」的促銷，煮咖哩需要用到的蔬菜跟咖哩醬全都特價。

還有，我打工的超商老闆主動跟我說：「你總是很認真工作，拿這個去買個咖啡什麼的。」順手給了我五百日圓的商品券，因此我確信，自己之所以「一直這麼幸運」，都是因為言靈發揮了效果。

甚至，當我開始實行「**每天說一千次『我真幸運』**」**九十天後，被醫生宣判「或**

許不會痊癒」的母親也奇蹟似地康復了。

同樣的情況應該會發生在每個人身上。

所以你唯一該做的事情是，察覺到守護著你的靈魂的存在，然後，用言靈悄悄喚醒祂。

無論你現在是多大歲數都無妨。即使是八十八歲，也有人會說：「我要改變人生！」每天認真地說著言靈。

因此首先，請務必開始嘗試。

三分鐘熱度的人其實非常積極

「好！我要開始說『謝謝』了。」

就這樣決定也很好，只不過，有些個案來找我諮商說，自己只有三分鐘熱度，一下子就會放棄，並為此感到沮喪，覺得自己非常糟糕。

通常這個時候，我會跟他們說：**「三分鐘熱度的人其實是很積極的人喔。」**

我希望各位把只有三分鐘熱度的人，試著想成是連續三天挑戰新事物的人。

我認為，如果實行事物的過程有一到一百，從完全沒經驗的「零」進展到「一」是最了不起、最需要能量的。

即使聽聞了某件事，仍遲遲沒有付諸行動的人占多數，其中，光只是「起碼我嘗試過了」就值得好好讚美自己了。

因為，即使是三分鐘熱度的人，也比尚處於零的狀態的人要來得更接近幸福。

再加上，由於好不容易超越零，來到了一，即使休息了一下，就再重新開始一次就好。只要往二、三、四向上累積，就能確實喚醒靈魂，讓祂處於良好狀態。

我想知道這個。言靈Q&A

在開始嘗試言靈之前，或是剛開始實行時，應該有不少人會有疑問：「這樣做真的好嗎？」「這樣做會不會沒有效？」

我把諮商個案常問的言靈疑問，一次在這裡回答。

Q1 可以在心裡或是用很快的速度念誦言靈嗎？

有沒有發出聲音念誦言靈都會有效。

與其「因為不能發出聲音」而什麼都不做，倒不如只在心中念誦。無論是何種方式都算數。如果擔心，可以用前面我介紹過的O環檢測來試試看。

只不過，**如果是在無人的家中或是車內，我建議還是要說出口，即使小小聲地說也沒關係。**

原因在於，**發出聲音說**，會提高言靈的能量。

而且，**藉由聽到自己聲音輸入至大腦中，反而能提高把言靈傳達至靈魂的可能性**。

這跟聲音大小無關。

來找我諮商的個案之中，有人會把自己說出口的言靈錄音下來，在移動時聆聽，或是跟著一起說。

這也是很好的做法。

另外，經常也有個案提出疑問：「**只是聽錄音也會有效嗎？**」

當然，聆聽好言靈要比聽負面新聞更能為靈魂提供營養。

我也推薦用聽的方式。

然而，如果處於能念誦言靈的環境下，還是盡量邊聽邊說。

再者，也有人常問：「**用很快的速度念誦可以嗎？**」

這點我不建議。只在乎次數，而不知道自己究竟在說些什麼，那樣的效果不好。關於念誦言靈的速度，各位可以參考我在YouTube的影片《謝謝的言靈×1000次》（ありがとうの言霊×1000回）。

由於新冠肺炎疫情，大家戴口罩的機會大增，有些個案告訴我說，他們戴著口罩念誦言靈時，旁人很難察覺，感覺念誦言靈變得更輕易了。

我的個案中，有些人會用像是Rap等他們喜歡的韻律，開心地像唱歌般地唱著自己創作的言靈歌曲。有個案是唱著日本傑尼斯男團「嵐」的《一定沒問題》（きっと大丈夫）那首歌，這也是很厲害的言靈實作法。

請不要給自己太多限制，依照自身的狀況與身處環境，好好享受言靈吧。

Q2 懷疑「這樣會有效嗎」可以嗎？

小林正觀先生長年研究人類的潛能與心靈運作機制，並累積了許多著作，他下了個結論：「無論你在心中想了什麼，說出口的話力量會更強。」

小林正觀先生並舉以下例子做說明。

如果你想著「我要喝杯咖啡」，然後走進咖啡廳，點餐時卻出口說：「我要一杯紅茶。」最後你只會得到一杯紅茶。

也就是說，**就算你在心中想著「這真的會有效嗎」，但說出口付諸行動的言靈會更具力量。**

再者，大腦會設法找到人所意識到的東西，這點前面已經提到過。**當心裡想的跟所採取的行動不同，優先順序最高的是行動。**

如果採取了「說出口，或是在心中說」這樣的行動，大腦就會試圖實現那樣的話語。

另外，言靈具有幸運的波動。

因為靈魂最喜歡幸運的波動，即使心中多少有些懷疑，只要聽到好波動的好言靈，靈魂就會開心接受。

對於懷疑言靈效果的、半信半疑的人，我通常會建議他們：**「不管你心裡想什麼都不要緊，總之去做就對了。」**

尤其是，如果與神同步率低於三〇％，屬於「沉睡區」的人，首先不論是十次或是二十次都好，都請先試試看。

因為言靈的力量會喚醒靈魂。

Q3 最少必須要說幾次才有效？

「今天做了多少腹肌運動，明天馬上就會長出形狀清楚的腹肌」，這種事應該是不可能發生的。

言靈跟鍛鍊肌肉相同。**我把言靈稱為「心靈的腹肌鍛鍊」。**可惜的是，**當然也沒有所謂的「今天說了一千次言靈，明天就發生戲劇性改變」這種事。**

然而，只要持續鍛鍊肌肉，身體確實就會改變。

同樣的，只要持續不斷念誦言靈，靈魂或人生就會慢慢轉變。

我自己的經驗是，大約一個月左右開始發生小小的幸運的事，三個月過後，母親的憂鬱症完全復原。這個我前面提過。

從我自己實際的體驗與看過許多個案所經歷的事來說，如果說要花費多少時間，平均大約三個月左右，就會感覺到「自此人生會越來越好」。

關於次數，越多一定越好。

在裝有泥水的杯中，一滴滴地滴水入杯跟一次沖入大量的水，當然是後者更快讓杯中的水變乾淨。

如果你想要讓人生快點改變，在最初的三個月就要大量念誦言靈，好讓靈魂變得處於好良狀態。

Q4 說出像是壞話的壞言靈，結果會發生什麼事呢？

有些個案也會懷抱著不安的心情，想著：「雖然我只說了別人的壞話一次，**但是不是之前我所說的言靈的正面效果都會消失，然後我就要從零開始了？」**

事實上，有很多人都有如下的擔心：「好不容易每天說了一千次『謝謝』，但剛剛我大聲吼了小孩。這樣我在這之前所說的言靈效果是不是就都化為烏有了呢？」

先從結論說起，**即使你焦躁不安地不小心說出了負面話語，言靈效果也不會歸零重來的。**

像是「好不容易『加了一百分』，卻因為現在的抱怨而變回『零』」這種極端的事是絕對不會發生的。因此而悲觀地想著「啊～不行了，我果然很糟糕」，然後中途放棄是非常可惜的。

如果用以下的方式來思考，就能容易理解這件事了。

假設，到目前為止持續念誦言靈，讓你變成「加一百分」的狀態。

一旦說了負面話語就會「減一分」，言靈效果變成「加九十九分」。

即使如此，你還是持續説著好言靈，慢慢地變成「加一五〇分」或是「加二〇〇分」的狀態。

中間雖有幾次「減一」或「減二」的狀態，但只要收拾心情，繼續説著好言靈，持續保持在「加」的狀態就好。

另外，同樣跟歸零有關的誤解是：**「如果一個願望成真了，言靈的計算帳戶是不是就歸零重算了呢？」**

關於這個疑問也請放心。**因為言靈的效果是持續累積的，所以，每次願望達成後並不會歸零重來**。

雖然經常有個案問說：「ｍａｓａ老師，你平常會把心裡的不平跟不滿說出來嗎？」答案是「會」，因為我只是個凡人而已。

我當然也會焦躁不安跟抱怨啊。

然而，**即使有一點負面也沒關係，只要繼續累積就好，所以，我馬上就能切換成正向心情。**

念誦言靈的過程並不需要很完美。

只要在現有的狀況下，一點一點追加正向的言靈就好。

Q5 邊做某事邊念誦言靈是否可行？

我認為，與其帶著「義務感」來說言靈，希望大家能邊享受邊實行。

原因在於，這樣比較容易持續。

比方說，當媽媽能邊做菜邊哼著「蔬菜，謝謝你」，孩子也在一旁開心地跳舞說著「謝謝」，整個氛圍就很幸福。

如同我之前說的，等紅綠燈時如果感到焦躁，以遊戲的心情想著：「好！這時候我就看看能說幾次『謝謝』吧！」那麼，念誦言靈就不會是一件苦差事。

只不過，**這樣的做法充其量只是為了能持續進行下去所下的功夫之一。**

如果才剛開始念誦言靈，就用「邊做什麼邊說」的心情實行，會變得數不清次數。同時，一旦開始恍神就要停止，所以最好把這樣的做法當作是中高級的做法，在一開始時避免使用。

剛開始實行的前三個月，請記下每天說言靈的次數、試著計算要分幾次能說完一千次，把實行內容變得可計算會比較容易有效。

比方說，當你打算要開始瘦身，首先要先量體重，然後記錄下吃的食物跟運動量，如此一來，就會清楚該做的事，也比較容易成功瘦身。

同樣的，靠清楚掌握自己在什麼樣的情況下容易把言靈說出口，以及多少時間可以說多少次，會比較容易養成習慣。

Q6 有沒有能與念誦言靈一起實行的事呢？

事實上，當我們提高跟神的同步率期間，有時候會自然而然地想要打開窗戶讓空氣流通，也會想要打掃環境。

至於為何會如此，以下就讓我舉例說明。

當你開始覺察到靈魂的存在，並經常使用能讓靈魂變成良好狀態的詞語，靈魂就會與你成為夥伴，變成「相親相愛的關係」。

如果你很喜歡你的夥伴或是結婚對象，自然就會想做讓對方開心的事。

我們與靈魂的關係也是如此。

比方說，如同神社那樣，清淨整潔的空間自然有好的波動。

因此，當我們與靈魂的關係變好，自然會想要讓靈魂開心而開始打掃室內、想要讓室內的空氣保持潔淨。

因此，除了念誦言靈之外，並不須要勉強自己試圖開始去做些什麼。
只要與靈魂成為了好夥伴，自然就會想要去做這些事。

快速複習！第 1 章的內容整理

★ 試著想像靈魂

- 靈魂一直都會在你的身邊，並祈願著你的幸福
- 靈魂最討厭的是自己欺負自己

★ 選擇好言靈的方法

- 把話說出口時，看看能不能感覺到「好聲音」是判斷關鍵
- 想知道言靈的效果時，請用O環檢測

★ 「謝謝」是最強的言靈

- 從日本室町時代起就一直使用著的感謝詞語
- 凝聚了自古以來許許多多人們的感謝能量

★ 首先試著說說看吧

- 建議最適合的時間是剛睡醒與臨睡前的「黃金時間」
- 累積到基礎能力所需的時間大約是「一天一千次×三個月」

第 2 章

同步率 30~50%
覺醒區

——

讓我們跟靈魂越來越合拍

舒緩緊張，再與靈魂相互和解

如果人一直坐著、維持同樣姿勢，肌肉會變得緊繃。同樣的，經歷長期沉睡，剛**覺醒的靈魂，以及剛從糟糕狀態回復的靈魂，因為還不習慣與你相處，所以會有顯得緊張、不順暢的時候**。

這時候，請用言靈舒緩緊繃的靈魂，溫柔地喚醒祂。**只要消除靈魂的緊張感，言靈也能更容易有能量，效果也能越來越提升**。

在第二章中，我將要跟各位介紹，與靈魂構築相親相愛的關係的方法。

在「與神同步率檢查表」中，屬於同步率在三〇～五〇％「覺醒區」的人，請試著實踐第二章。

另外，同步率低於三〇%「沉睡區」的人，請接著第一章的練習後，開心地進行第二章的練習。

要注意，若你因為「得要更努力才行」而投入過多心力，將難以舒緩靈魂的緊繃。所以，當你要開始與某人構築良好關係，花點時間觀察對方的言行，我們的心情也能放鬆一些。**只要用輕鬆的心情進行所有練習，就容易舒緩靈魂的緊張感。**

以我跟許多前來諮商的個案互動經驗來看，我發現有很多人都覺得自己還努力得不夠而嚴以律己，結果反而選了一條難走的道路。

我的座右銘是「任何事都要享受」。

雖然有些情況是須要對自己嚴格的，但是，**如果能邊享受邊達成目標，我當然覺得還是能樂在其中比較好。**

事實上，在我母親從憂鬱症復原之前，我都堅信著「人生是修行」「非得要跨越難關才能獲得幸福」，沒想到這個堅持反而讓我選擇了一條艱苦的道路。

然而，在我體驗到言靈的奇蹟後，想法瞬間改變了。

因為我發現，就算不經過「努力」「韌性」的道路，而是選擇了「開心」「歡喜」也能獲得幸福。

而且，比起你嚴肅的臉龐，靈魂更想要你滿臉帶笑開心地過日子。

這第二章所要傳達的內容，並不須要你學習艱難的技巧跟修行。請開心實踐吧。

開動前，光是說「要吃了喔」就能得到高評價

靈魂雖然呈現垂頭喪氣、沉睡狀態，但當你讀完第一章，並進行練習後，靈魂就會逐漸覺醒，變得有精神。

但是，此時的靈魂仍舊留有一點不開心。

此時，**可以試著「遵守與自己的約定」來讓靈魂理解你想要跟祂打好關係的想法**。

一說到「與自己的約定」，有許多人都會面露難色。

但是這個方法一定跟你所想像的不一樣。

「與自己的約定」是非常非常簡單的。

比方說，若是說「我要喝水」，就是要喝水。

說「我要去上廁所」，就是要去上廁所。

說「開動了」的話，就是吃飯。

像這樣，**對於接下來要做的事，只要說「我要做」**就好。

是不是超級簡單的呀？

應該有人會說，這樣根本是偷懶。

但是，這樣一來就任何人、任何地點都能做。

這才是超棒的「說到做到」。

我在第一章裡曾經說過，靈魂很喜歡你。所以，靈魂希望你能重視自己。

即使是小事，只要遵守「與自己的約定」，靈魂就會覺得「這就是你珍視自己的證據」，更會認真看待你所說的話。

事實上，靈魂根本不在乎「約定」的大小。

無論是「想要一年賺到一千萬日圓」或是「說著『我要出門了』後去上班」，對靈魂來說都是一樣的。

對於確實能做到的事說「我要做」之後，只要去做就好。

另外，遵守與自己的約定還有一個好處。

那就是，自我認同。

即使是小事，只要持續累積「啊，我也能做到這種事」，就能確實累積自信。

只要持續累積像是想著「回家路上要去買橘子」，然後就去買橘子等的小小「成功經驗」，來認可自己「我也能做得不錯嘛」。

只要能自我認同，慢慢地你就會越來越喜歡自己。

這麼一來靈魂也會越來越喜歡你。

Work ④ 簡單！「約定表格」的製作方法

那麼，我們來實際跟自己做約定吧。

雖然說是約定，卻要意識到是說了後就要馬上去做、去實踐的事，任何事都可以，比方說，說了「我要吃」，實際上就要去吃。

其實，我前些天就決定要跟自己做約定。

然而，根本不用那麼早就決定也沒關係。

在吃飯之前，光只是說「我要開動了」，也非常有效。

但是，機會難得，讓我來說一下一個很久以前我跟自己的約定。

我在十五年前就養成了一個習慣，亦即在前一天晚上把明天要做的事寫下來，如果隔天如期實行就用筆作個記號。

經過十五年後的今天，代辦事項仍舊非常簡單。大概都是些「要寫部落格」「要跟A先生談事情」「要吃早餐」「要洗衣服」等簡單的事。

首先，在當天早晨或是前一天晚上，試著把想要跟自己約定的事約三到五個先羅列下來。這麼做，不但可以記得代辦事項，確實執行，也能透過文字的視覺化，進而加強自己的關注度。

接著，如果實行了某件代辦事項，就請在表格裡做記號。

表格裡的羅列項目控制在三到五個就好。習慣了之後，也不用增加項目。請確實執行、遵守跟自己約定好的事。

我的許多個案大多實行三個月後，就會感覺到「不知道為何，越來越喜歡自己」了。

Work ④ │ 約定表格

請在表格內填上日期、約三到五項與自己約定的事項，
完成後請做記號。

日期：

☐ ____________________

☐ ____________________

☐ ____________________

☐ ____________________

☐ ____________________

用「感謝體質」來增進與靈魂的關係

我之前提到過，「謝謝」這個詞語具有跟神接近的波動。

即使心裡並沒有懷抱感謝之意，只要每天說「謝謝」，靈魂就會被好波動搖醒，進而提高與神的同步率。

那麼在此，我們再往前進一步，我要為各位說明，究竟要如何才能在「謝謝」這個詞語裡放入相應的心情呢。

那就是，對每天的微小之事都懷抱感謝之意，讓自己養成「感謝體質」。

在此可以想一下。

如果生活中的基礎設施沒有整備好，我們不但不能洗溫水澡、沒辦法準備餐點，也會沒有辦法幫手機充電。

想一下，如果電車沒有按時來，我們也沒辦法開著車四處跑，就會發現到，**現在的日常生活真的非常難得，充滿了值得感謝的事**。

你現在或許正為願望不能實現而煩惱。

但是，**請試著更輕鬆地想一下**。

比方說，我們能生活在這個充滿美食、擁有能安心過生活的完備法律與制度，真的是非常幸運！

另外，自我們出生到能獨當一面地工作，有得住、有得吃難道不是因為某些人們的幫助嗎？

像這樣，**稍微改變視角，就會發現現在的生活中充滿了值得說「謝謝」的事**。

人們常說「謝謝」的相反就是「理所當然」，我也這麼認為。**正是每天平凡無奇**

的生活，才讓我能實際感受到那麼多值得感謝的事。

只要持續懷抱著「謝謝」的心情，終有一天會養成所謂的「感謝體質」。

因為一旦成為「感謝體質」，我們就能充分沐浴在神所擁有的幸運波動中，靈魂也會因此更加喜歡你，與神的同步率也會大幅提升。

結果就是，不須經過努力與辛勞，願望就會一個接一個地成真。

Work ⑤

挑戰說謝謝十次

為了養成「感謝體質」，在此要為各位介紹一個最強的練習。
那就是，在一天終結時，寫出十件「值得感謝的事」。

寫出的事項，即使可以輕易達成也沒關係。

- 今天早上的咖啡很好喝
- 今天早上平安無事地抵達公司
- 今天我家的寶貝狗仍舊很健康
- 有位許久不見的朋友突然跟我聯絡
- 一直想買的球鞋正在特價中

等等，無論任何事項都可以。

只要回頭看那一天，有時候會發現能寫下的事項不只十件。此時就試著寫下所有能想到的事項。

但是，萬一寫不滿十個，也請不要停下，**再多想幾個不單只是今天發生的事項**，像是這樣：

- 最近天氣很好，心情不錯
- 能住在有空調的房子真是太感謝了
- 能擁有自己專屬的手機真是方便

直到寫滿能感謝的事項。

另外，如果某天沒有時間可以坐下來，好整以暇地書寫，就趁著泡澡時，在腦海中把這十件事項想一遍也可以。

只不過，在行有餘力時，寫下十件事項，就能用眼睛確認那些好事，也就能實際**感覺到，「原來也有發生這些值得感謝的事呀」**。

只要每天能開始尋找值得感謝的事，就能提高對值得感謝的事的敏感度，你的體質也能越來越接近感謝體質。

即使只有一人大聲說出口，對他人也有同樣的效果

靈魂經常聆聽我們說出口的話。

因此，平常使用的言靈，會帶給你人生極大的影響。

事實上，**靈魂的特徵是，祂無法分別你現在究竟是「對自己」還是「對他人」說話**。

也就是說，當我們稱讚他人說「好有型」「說的話很清楚易懂」「工作速度很快」，

同樣也是在對著自己說「好有型」「說的話很清楚易懂」「工作速度很快」。

因為能看出他人優點再加以稱讚的人，同時也是在對自己靈魂傳送好言靈的波動。

但是，**靈魂無法區別「自己」與「他人」，不單只是好言靈，說他人的壞話或說出具批判的負面話語時也同樣無法區別。**

有個日本諺語是「詛咒人時要準備兩個洞」。

意思是，「如果想用詛咒殺人，自己也可能因為果報而致死，所以須要先準備兩個墓穴」。

也就是，如果祈願他人不幸，也會為自己帶來糟糕事。

現今有不少人覺得「說別人壞話可以消解壓力」，但是**對於靈魂來說，責難他人等同於責備自己。**

也就是說，一旦說了他人壞話，也同時會傷害自己的靈魂。

另外，在科學上也已經證實，經常口出惡言或批判世界的人，罹病率跟死亡率比較高，讓壞言靈浮出腦海或說出口，會對身體帶來極大傷害。

因此，請盡力避免壞言靈才是。

Work ⑥ 若說出壞話，就要「取消」

請盡可能地使用好言靈，避免使用說他人壞話或批判、說不平不滿、抱怨或喪氣話等壞言靈。

即使已經下定決心這麼做，有時候仍會不小心就又把「那個人很頑固、難相處」等的話說出口。

或是明明很疲勞，小孩卻沒來由地亂哭，人就會忍不住暴怒。這我可以理解。連我自己現在也還會不小心就說了「那個人很吵啊」「這可真糟糕」等的負面話語。

在第一章「言靈 Q＆A」中，我曾說過，此時一定有人會擔心地想：「糟糕！因為剛剛的言靈導致一切都重來了」。但是，**目前為止所累積的正面言靈，並不會因為一分兩分的負分，而一下子就要重新來過。**

若你很介意那個負分，有個訣竅可以分享給你。

那就是，**在一說完壞言靈後，如果可以，要馬上在一小時以內說：「剛剛說的都不算，取消。」**

並且在取消後，立刻轉換心情繼續累積好言靈。

因此，如果一不小心就陷入負面思考、說了壞的詞語，也不須要責備自己。

「啊，還是說出口了。」

「好，重來！」

只要這樣立刻轉換成積極心態就好。

另外，**有時候我們會遇到身邊的人向自己抱怨、說別人壞話的情形。這種時候前面提到的「取消」做法也很有效**。

口裡說著「剛剛說的都取消」，取消掉那些烏煙瘴氣。

或者，**在離開現場後，說比平常更多的「謝謝」「我真幸運」等的好言靈，用來加減中和。**

另外，當不小心說出他人的壞話、批評、不平不滿、抱怨、發牢騷，有個方法可以蓋過那個負面效應。

那就是，**在說出負面內容後，立刻轉換成正向的語言**。

當說出「我好累」後，隨即說：「真無聊，接下來我要自己找樂子。」

當說出「好懶喔」後，馬上改說是：「若是沒幹勁，今天就只做簡單的事吧！」

如此一來，就算是負向語言，也能轉換成積極正向。

幸運的預兆！天使號碼與同步率

當你能習慣使用好言靈，也能遵守與自己的約定，而且也懂得對小確幸說出感謝。靈魂就會對這樣的轉變感到很開心。

祂應該會從背對你、兀自沉睡的狀態，立刻覺醒來守護你。

當靈魂覺醒且成良好狀態，與神的同步率就會提升，你也會變得經常能看見天使號碼。

所謂的天使號碼就是，天使透過數字傳達的訊息。

尤其是一一一、二二二、三三三三類似這種像是重複同一數字的，**或是經常看見自己生日的數字時，就是靈魂敏感度提升的證據。**

要知道，每一個數字都有其意義。

比方說，九顯示「一個循環結束」的訊息，同時也顯示事物將有嶄新開始的意思。

在此，我不將每個數字的意思一一做說明，有興趣的讀者可以自行查詢看看。

雖然我平常不會特別意識到這些數字，但每當抬起頭看向時鐘時總是會看到「十一點十一分」、在路上開著車時會發現前車的車號是「八八八八」等等。

當我看見天使號碼，就會知道「即將有好事發生」而心懷期待。

另外，同步率高的訊號就是「共時性」。

所謂的共時性是指，有意義的、偶然出現的一致狀態。

你本來在意的訊息會自動出現在你眼前。

一直想見的人剛好跟你聯絡。

應該有人曾體驗過類似這樣的偶然奇蹟。

比方說，我有時剛好錯過本來要搭的電車，卻在下一班車門開啟時，看見當初因為換了手機而遺失聯絡方式、一直想見卻見不到的朋友。

像這樣，**當發生共時性事件，就是靈魂敏感度提升的證據。**

Column

午茶時光②

2

言靈想要休息時的應對法

到此為止，我為各位介紹了幾個練習：「念誦好言靈」「遵守與自己的約定」「尋找值得感謝的事」。

持續做這些練習後，有些個案會前來提出進一步的疑問，諸如：**「如果有一天無法做練習，可否用另一天多做來補償呢？」「休假時是不是也可以休息不做練習？」**

面對這些疑問，我通常會回答：**「有些時候沒有做也沒關係喔。」**

只不過，**請先決定好「要休息」，然後才停止練習**。比方說「連假的第一天，我一早就要喝啤酒，所以就不念誦言靈了。」或是「我打算整天看Netflix，所以就不念誦言靈了。」或是「周末我要好好陪家人，所以就不念誦言靈了。」等等。

這麼做是為了讓你在即使暫停練習，也不會產生罪惡感。

比方說，一整天都沒有念誦言靈時，或許到那天結束前，你自己會充滿罪惡感而感慨地說：「啊，我今天連一次言靈都沒有說呀。」

當人自責地覺得自己很糟而喪失自信，靈魂也會有同樣的感受。

事實上，**罪惡感並不好**。

事實上，如果人每天沒完沒了地鍛鍊肌肉，不但無法消除疲勞，也難以養成肌肉。當人下定決心要給自己一點負擔地練舉重，隔天就要讓肌肉休息，這樣才能養成更強壯的肌肉。

言靈的練習也相同。

一旦感到疲勞，下定決心「好，我要休息」後就安心休息也沒關係。

只要能轉換心情，再開始練習就好。

快速複習！第 2 章的內容整理

★ 跟靈魂關係更好！

・光是說「我要開動」後開始用餐，就能獲得「說到做到」的高評價。

・不要在意與靈魂約定事項的大小。

・找出每天值得感謝的事，養成「感謝體質」能大幅提升與神的同步率。

★ 靈魂無法區別你是在對自己或是對他人說話

・無論是稱讚他人的好言靈，或是說他人壞話的壞言靈，最後都會回來到自己身上。

・當不小心說出壞言靈，要記得「取消」。

★ 能提高與神的同步率的幸運預兆

・天使數字：每個數字都相同的一組數字、自己生日的數字。

・共時性：像是「一直想見的人突然來跟你聯絡」等有意義的偶然性一致狀態。

第 3 章

同步率 50~70%
好狀態區

——

在你的願望中放入言靈吧

試著客製化言靈

透過第一章與第二章，我們已經學習到穩固言靈的基礎知識，接下來第三章則是應用篇。

在第三章中，我將為各位說明，如何選擇當下適合自己的言靈，以及前往希望人生方向的訣竅。

另外，在這一章裡，我會把我所經營的「用言靈使人生好轉的團體」中所收集到的、許多人的「組合言靈的訣竅」或是個案的實際案例分享出來。

請務必把這些當作你尋找適合自己言靈的一點提示吧。

「在與神同步率的檢查表」中，同步率在五〇～七〇%「好狀態」的人，由於靈魂已經處於良好狀態，所以能輕易收到從神那裡發出的波動。請懷抱自信，繼續把言靈發揮到極致。

即使還沒達到這種狀態的人，也請試著做做看這一章所寫的內容，以提升與神的同步率。

只要找到適合自己的言靈組合方法，念誦言靈這件事應該就會變得越來越有意思。

關於組合言靈的方法，個案經常會提出的疑問之一是：「散步時說『謝謝』，而泡澡時說『會出現神的奇蹟』等，可以像這樣一天之中念誦好幾個言靈嗎？」

當然沒問題！

我認為，這跟選服裝或包包是一樣的，只要配合心情來組合言靈就好。

「現在是『船到橋頭自然直』的心情」「突然好想說『謝謝』」等，只要按照當下的心情改變，絕對不會有無效的結果，所以請安心。

創造有效言靈的三個訣竅

我明白了好言靈或壞言靈各是怎麼樣的詞語。

而且，只要念誦好言靈，不但心情會變好，身邊的狀況也會逐漸改變。

人也會開始思考想要實現的願望，諸如「如果可以變這樣就好了」「這個夢想如果成真，我會非常開心」，或是自然湧現期待的情緒。

要知道，這就是你與神的同步率正逐漸提高的表現。

內心自然湧出「想要實現的願望」。

處於這個階段的人，**我建議你務必試著找出「專注於實現願望的言靈」。**

因為只要找到「專注於實現願望的言靈」，願望將會更容易實現。

只不過，一下子被提醒說「要創造屬於自己的言靈」，有人可能會覺得門檻很高。

因此，為了能找到符合當下心情或是願望的言靈，我將介紹三種訣竅。請依循這三種訣竅，試著找到專注於你想要達成願望的言靈吧。

訣竅①：只使用簡單的詞句

第一個訣竅就是，說簡單的詞句。

比方說，如果你想著「希望與愛人相遇」，請試著在心中唸著「相愛的伴侶、相愛的伴侶、相愛的伴侶……」

如果你想要幫自己增加自信，就試著念誦「自信、自信、自信……」，如果想要有一間自己的房子，就試著念誦「我家、我家、我家……」

之所以只須要說單詞是有理由的。

假設我們創造了一個言靈：「我已經與值得相愛的伴侶相遇了」。

此時，當我們把言靈弄成太過具體的句子，有時候內心會產生類似「但是我現在根本沒有人緣，說要找到值得愛的伴侶根本太難……」「說到相遇，那到底會是在哪裡」等的抗拒心情。

因此，藉由盡可能不讓內心產生抗拒的簡單言靈，反而能輕易傳達給靈魂。

比方說「相愛的伴侶」這種簡單言靈的例子。只要那樣說，靈魂就會送來「為了獲得『相愛的伴侶』，該怎麼做才好呢」的訣竅。

訣竅②：以「逐漸變成~」的現在進行式來說

第二個訣竅是使用「逐漸變成~」「正在接近~」等的現在進行式。

比方說，假設覺得凡事提不起勁時，可以說以下的言靈：「我很有精神並充滿活力地生活著」。

然而，當你唱誦著這個言靈，心裡卻嘟囔著：「不，我真的很疲憊啊。」靈魂就會一邊接收你內心的真心話，一邊感到很奇怪。

此時，要記得使用「我正逐漸恢復元氣」「我的身體機能正變得充滿活力」等的現在進行式，也就是將目前的狀態理解為即將要達成目標的過程。

藉由把言靈設定為現在進行式，就能消除內心的真實狀態與嘴上所說的言靈之間的矛盾。

訣竅③：使用「變成～也好」的許可形語言

第三個訣竅是，以給予自己某種許可的方式來設定，言靈，例如「可以成為～」「可以做了～」。

幾乎每個日本人都認同「謙虛是美德」的價值觀。我感覺，有非常多人都受到這樣價值觀的影響而心懷「我這種人還不夠格」的想法，使得幸福難以找上門。

對於這些總覺得自己不足的人，我建議要用以下訣竅。

「我可以變得更有錢。」

「我可以變得更受男性歡迎。」

「我可以變得更幸福。」

就是試著使用以上這些容許自己變得更好的言靈。

只要反覆使用「許可形」的言靈，應該就能自然地讓自己從自我設限中獲得解脫，讓自己變得更加幸福。

留意內心的真實狀態與言靈相矛盾的「逆暗示」

如果從本書最開始持續讀到第三章，就表示與神的同步率應該是處於提升的狀態。在這樣的狀態下，應該要留意「逆暗示」。

Point!

當人處於同步率低落的狀態，在內心的真實狀態與言靈的選擇間，靈魂應該會優先選擇具有好的波動的言靈。

然而，當人的同步率提升，靈魂處於好狀態，就會試圖要與你有更深的連結，此時狀況就有些許不同。

這是因為靈魂的感受度大幅提升，能更細緻地察覺到你內心的真實狀態。

當靈魂體察到你的真實狀態，而你口中的言靈卻是另一種狀態，就會產生矛盾，而這正是我所說的「逆暗示」。

當你開始感受到「言靈的效果很薄弱」，就要試著留意看看，自己現在是否處於「逆暗示」。

當確定自己處於「逆暗示」，請試著重新審視前面所說的言靈的訣竅。

注意「我是成功的」等句子裡強調「我是」的部分

「我是富有的。」

「我受最棒的伴侶珍愛著。」

「我一定能達成目標。」

當我們過度強調以上這類句子裡的「我是」，很有可能造成「逆暗示」，所以一定要留意。

這類「我是～～」的積極宣言也稱為「自我肯定」，在各種領域中都有大量使用著。然而我卻認為，這個方法能很清楚地區分為有效的人與無效的人。

事實上，對於與神的同步率低落的族群來說，「我是～～」等類的句子，**容易引起該族群內在的真實心情**，諸如「但是，我現在明明就很窮」「那麼好的對象怎麼可能看上我」，或是「我好像從未達成目標耶」等，**很容易變成「逆暗示」**。

未來打算要提升與神同步率的人，建議要使用前面三種訣竅，如訣竅①以簡單字詞說「富有、富有」，或是訣竅②以現在進行式說「我正在往達成目標邁進」，或是訣竅③的許可形「現在在我身邊可以出現最棒的伴侶」，如此一來，靈魂應該就不至於感到困惑。

千萬不要用「如果達成 OO 願望，就算生病我也甘願」等來做為交換

另外，在創造言靈時，希望各位不要在內心想著：「如果願望成真，無論犧牲什麼都可以。」

比方說，我曾經遇過這樣的實際例子。

有位多年來深受婦科疾病困擾的個案，當我仔細聆聽她所說的經歷與心情後，發現她曾經在當年兒子面臨大考時，由於過於期望兒子能考上理想的學校而許下「只要兒子能順利考上，即使要我生病也可以」的願望。

要知道，靈魂是會把你說出口的言靈當真，並且如實現你的想望。

該個案的兒子後來確實如願考上第一志願的大學，但許下願望的母親卻從此受子宮疾病所困擾，難以痊癒。

另外，我也曾有另一個個案在小學時，在她心愛的寵物小雞死亡後，由於過於悲傷，以至於日夜都在祈禱「只要小雞能到天堂去，我怎麼樣都無所謂。」結果幾天後，因為耳痛難耐，只得去醫院求診，之後被診斷出是中耳炎。

事實上，想要獲得幸福，根本不用付出代價。

如前面的那位母親，她可以這麼許願：「希望兒子如願考上理想中的大學，全家都因此洋溢著幸福。」；而飼養寵物小雞的女孩，則可以簡單地許願說：「請把我心愛的小雞接往天堂去。」就好。

創造言靈時，不須要犧牲任何事物，只要創造出能讓自己幸福，身邊的人也洋溢幸福的言靈即可。

「我完成了〇〇，非常感謝（過去完成式＋感謝）」的效果如何

有不少朋友認真練習，試了許多種創造言靈方式後最常來向我提問：「我聽別人

說，用『**過去完成式＋感謝**』的這種形式，最容易讓願望成真，請問是真的嗎？」

比方說，以下這類願望達成時表達感謝的說法：

「我的腰痛完全復原了，謝謝。」

「我遇到最棒的伴侶了，感謝。」

「我現在月收入有一百萬日圓，謝謝。」

以我所知道的，目前跟我一樣在教導人們關於言靈的知識的人們之中，有不少人都這麼認為，「過去完成式＋感謝」是最強的言靈形式。

但我認為，**把尚未實現的狀態以已經完成的方式來創造言靈，會容易造成靈魂的疑惑**。

因此，我大多會建議以前面所提到的三個訣竅「簡單字詞」「現在進行式」「許可形」來創造屬於自己的言靈。

然而，**最具效果的，我認為是「確實想像願望完成時的圖像，也讓靈魂為此感到雀躍與期待」的這個方式**。

只要提升了與神的同步率，自己也認為「必然會出現奇蹟」，而且絲毫不懷疑自己是否會達成願望，若是使用「過去完成式＋感謝」應該也能自然地說出口。

另外，我將在第四章為各位介紹「預祝」這個技巧，應該正是「過去完成式＋感謝」這個形式。

無論是哪一種方法，只要是不造成靈魂的困惑、不帶來奇怪感覺的方法都能提升效果。

讓我們選擇當下最適當的方法，提升言靈的效果吧。

對「前三名的煩惱」有效的言靈

作為一名心理諮商師，在我諮商了至今五千位個案中，多數人共通的煩惱裡最具代表性的有下列三項。

①金錢（工作）

②健康

③人際關係（愛情、家人）

在此，佐以個案們的實際體驗，我要為各位介紹，當我們在面對這三種煩惱，該創造怎麼樣的言靈比較好。

有助於金錢（工作）的言靈

用「神的奇蹟會爽快發生」來獲得一百萬日圓的贈與

某位擔任業務的女性在月底前的業績仍是掛零狀態，當天出門前往公司的路上，她不斷反覆念誦著**「今天也會是美好的一天」**，結果就這樣在截止日前，奇蹟般地獲得了大筆訂單。

另外，某位男性因收入不豐，正困擾於生活開支，當他念誦著「謝謝」並且同時說著**「神的奇蹟會爽快地發生」**後，居然在不到一個月的時間內，就獲得了父母餽贈的一百萬日圓。

類似的例子還有很多很多。

某位女性把「**謝謝**」當作口頭禪，不但心情變得很平穩，也變得對住得很遠的雙親開始殷勤地以電話問候近況。

聽說，後來父母在他兒子順利找到工作時，給了一百萬日圓的祝賀金。

另外，某位女性每天喜歡念誦「**只要做就會有好事發生**」「**我身邊只會發生好事**」，原本她應該要花費三萬日圓以上的牙齒治療費，卻不知為何突然變成免費，家裡電器損壞時，突然就認識了願意便宜出讓二手貨的朋友，據說好事不斷發生。

這裡要說一個非常特殊的體驗。這個體驗是來自於某位男性，他總是把「**我的存在會讓跟我相關的所有人都變得幸福**」掛在嘴邊，後來成為了日本銷售業績第一名業務員的故事。

這位男性從小就立定志願要成為一位格鬥家，卻因為不斷受傷而只得放棄夢想。

然而，就在失去人生目標，繭居在家一年後，經由朋友的介紹來找我諮商。

首先，我請他最少每天先念誦三千次「沒問題，船到橋頭自然直」。這位個案自幼父親就因癌症去世，內心有著強烈的想法：「我想要讓獨力撫養我長大的母親早日安心。」使得這位個案有時候甚至念誦超過三萬次言靈。

結果，他在心情上逐漸產生改變，甚至有了出外工作的勇氣，最後他開始在某電話客服中心擔任客服專員的工作。

這位男性個案向我述說著「與客戶說話真有趣」，於是我向他提出建議，把言靈改成「**我的存在將使得與我相關的人得到幸福**」。

他一天念誦數百次「**我的存在將使得與我相關的人得到幸福**」之後，意外地轉換到其他工作擔任業務員，並且在不滿一年的時間內，業績就達到全國第一。

「大筆大筆的錢進來」使得月營業額大增

這是某位經營餐飲業女性個案的故事。

因為新冠肺炎的關係，她所經營的餐廳來客數大減，金流陷入窘境。後來她開始每天念誦「船到橋頭自然直」「沒問題，肯定會有轉機」「雖然不知為何，但就是會有大筆大筆的錢進來」。

不消三個月，來客數變得比以往更多，月營業額也得以提升。

另外，某位男性個案因為父親驟逝，突然間要繼承負債五億的公司。由於他完全沒有擔任經營者的經驗，這對他造成極大的壓力，使得他夜不成眠，必須要依賴大量的安眠藥。即使早晨起床後，他的心悸仍停止不了，讓他顏面呈現麻痺狀態，不但起不了床，有時還會不自覺地想到死亡。

正當他想要放棄一切，他聽說了有關言靈的事，於是開始了每天從早到晚念誦「船到橋頭自然直」「一切都會邁向成功的」。

甚至連睡眠時，他都事先把言靈錄音，然後連續播放給自己聽，後來因為無數的奇蹟與身邊家人朋友的協助下，最終，公司得以經營下去，並被大公司所併購。

最後這個是我自己的親身經驗。

我在二十幾歲時，某位出家師父曾經跟我說：「你只要念誦『神啊！感謝祢把我當作祢的工具』，就會變成富豪喔。」

同時，他也告訴我：「因為你開始從事天職，所以會變得非常忙碌。」

於是，我每次想起這個言靈就會念誦，這樣一來，金錢的流動狀況就變得很好。如同那位出家師父所說的，我每天作為神的工具，生活忙碌得不得了。

由於能夠為神與各位服務，我感到非常幸福，也因此每天都非常快樂。

有助於健康的言靈

用「感謝你總是支撐著身體」來找回健康

我們很容易把能自由地使用這個身體當作理所當然的事。

比方說，當我因為肩膀痠痛而無法把手舉高時，才想到要感謝之前能讓我自由把手舉高的肩膀。

另外，我們也不太有機會感謝那個每天二十四小時默默呼吸著的肺部，以及默默幫忙消化食物的胃部等臟器。

一提到「要傳達感謝」，通常腦海中會浮現出的對象是人，然而，當我們把感謝傳達給身體，就具有讓身體從不適狀態回復的效果。詳情之後還會再談，事實上，**言靈也可以對著機械或植物，甚至是寵物念誦。**

一般在平常就該常對身體傳達感謝之意，但即使身體狀態變得不佳，也猶未晚矣。

有位肩膀疼痛的男性會反覆地對著肩膀說：**「平常總是支撐著我沉重的兩條手臂，真是感謝。」**據說，他的肩膀疼痛就變得和緩了。

同樣的，聽說有人因為出現了鮪魚肚而對著腸胃說：「平常總是幫忙消化食物，謝謝」；也有人在不慎扭到腳踝時溫柔地跟腳踝說：「謝謝你總是支撐著身體，我之所以能行走千里都是多虧了腳踝。」結果都讓狀況有所改善。

類似的例子多不勝數。

據說有位女性很在意頭上的白髮，她反覆對著頭髮說：「你已經是閃亮亮的黑髮，謝謝。」後來白髮真的轉黑了。

有位女性每天都念誦著：「**無論我吃什麼，喝什麼，都能維持五十三公斤，真是謝謝你。**」結果，即使她平日不特別做維持身材的事，卻總能將體重維持在最佳狀態。

之所以能心想事成，原因都在於你所念誦的感謝，靈魂都會幫忙實現。

想著「船到橋頭自然直」來度過重病的煎熬

在我諮商過的個案中，用言靈來度過重病煎熬的人其實不少。

某位女性的丈夫總是感到疲倦不堪，每天都過得很辛苦，到醫院看診後發現身罹重病。

她擔心「先生要是不在人世，一個人不知該如何是好」而難以入睡、總是惶惶不安，於是我請她要轉換成協助先生的角色，並向他們提議要合力念誦「船到橋頭自然直」的言靈。

由於該名女性先前已經理解言靈，也確信言靈是有效的，於是自那天諮商後，夫婦倆就開始念誦「船到橋頭自然直」跟「一切都會沒事的」的言靈。

三個月後，原本被醫生宣告死期的症狀開始有了改善，而先生因病瘦弱的身體也逐漸恢復健康。

另外一位女性也是先生被診斷出罹患重大疾病，她擔心不已，於是開始每天念誦「神會帶來奇蹟」「船到橋頭自然直」「絕對沒事的」。

結果後來她先生變得不須要住院，只須要持續到門診接受治療，就完成了治療程序，這件事在醫院裡被廣為流傳。

還有一位女性只靠著持續念誦「絕對會過這一關的」而讓自己不用再服用憂鬱症藥物。

綜上所述，無論現在你的身體狀態有多糟，我都希望你不要放棄。只要你不放棄，靈魂就會來幫助你。

我之所以能信誓旦旦地說，言靈能為你的身體狀態提供協助，根據就在此。人類身體有將近百分之七十是由水所構成。

在第一章中，我曾提到過一個實驗是，當我們跟水說「謝謝」等好言靈後，水的結晶會呈現六角形，一旦跟水說壞言靈，水就無法形成結晶。

基於這個實驗，**如果我們能意識到要使用好話，就能讓人體中水分的狀態變好。**

因此，我認為，這不就是能解決身體的問題，讓身體回復健康的一個助力嗎？

因此，越是身體狀態不佳，越是要念誦好的言靈，改變心情，身體狀態也就能重拾健康。

有助於人際關係（愛情、家人）的言靈

「我正在成為某人的天選之女」之緣

某位女性消極地想著：「每天平凡生活，總有一天能談場戀愛的。」結果卻一直單身，直到三十歲驚覺不妙時，她接觸了言靈。

對於這位前來諮商的女性，我給了她這個建議：每天念誦「**我正在成為某人的天選之女**」。

同時，在智慧型手機上錄下這樣的內容：「理想男性的類型，以及等我跟他交往後會發生的好事」等，然後，每天晚上反覆聆聽。

她這麼做了三個月後，有位新人男性進到公司，她第一眼就直覺到對方是符合自己理想型的天選之人，之後兩人也順利交往。

另外，有位女性喜歡**「謝謝」「幸福」「開心」「歡喜」**等言靈，並且每天都持續念誦。

當她偶爾感到「自己很糟」等卑劣感，或是困惑於「這是否有效，還要持續下去嗎」，就會切換成**「船到橋頭自然直」「沒問題的」**的言靈，並持續念誦。

之後大約經過半年，她自然而然地就能脫口而出好言靈，後來也遇到了最愛的伴侶。

我在前言中曾介紹過一位擁有三個孩子的單親媽媽，她最喜歡日本團體 Dreams Come True 的《うれしい！たのしい！大好き！》（開心！歡喜！最喜歡！）當她開始經常哼唱後，第二個月就被理想對象的求婚。

還有一位女性開始意識到「謝謝」並隨時念誦後，就讓原本說不上話的家人也自然地說出「謝謝」。不但關係惡劣的家人間氛圍變得柔和，相互間也能說出感謝。

面對原本嚴苛的主管，念誦「你將有很多幸福造訪」後，主管就轉職了

接下來要介紹的技巧難度稍高，要到第四章才會詳細說明。

面對討厭的人或是難以招架之人，反而用期望對方變得幸福，才能引來奇蹟。

有位女性在嚴苛的主管底下工作，累積的壓力已經到達了極限，她每天不斷反覆念誦「**將會有許多幸福臨到 ○○ 身上**」，三個月之後，該主管就轉職了。

類似這樣的例子，我的諮商室裡遇到很多。比方說，「當我替任性不講理的公司老臣祈求幸福後，他突然跟老闆大吵一架，然後離職了」「當我祈求職權騷擾跟道德騷擾的人事部長幸福後，就找到一分更適合自己且條件好的新工作。」

另外，有一位女性在職場上人際關係很糟，每到要上班前就會陷入憂鬱，但當她在每天到公司前都反覆念誦**「沒問題的」「船到橋頭自然直」「一定會好好的」「運氣很好」**等言靈後，職場氛圍突然轉變成祥和，自己在上班時的笑臉也變多了。

當然還有其他例子，像是平常就不斷念誦**「謝謝」**，修復了十幾年來原本疏遠的朋友關係的個案，以及因為念誦**「我愛你」**，後來順利結交到知心好友的個案。

有助於植物、機械或寵物不適的言靈

一說到念誦言靈，我們容易想到的對象是人。前面介紹過針對身體部位有效的言靈，事實上，我們也能對植物、機械跟寵物念誦言靈。

我的母親每天都會跟觀葉植物說：「你好可愛啊」「要成長茁壯喔」的言靈。結果，那些觀葉植物呈現令人困擾的爆炸性成長，連鄰居都登門前來要求要分株。

甚至連原本已經枯萎的觀葉植物，只要經過重新種植，並每天持續對著它說「謝謝你越來越繁盛」，結果本來已經打算要放棄的植物都開始長出大於以往的葉子。

另外，有一位女性想要跟兒子、丈夫分享言靈好處，於是拿出壞掉的平板電腦跟家人說：「只要對著平板電腦不斷說『謝謝』，就能繼續用它來看 YouTube 影片喔。我們一起實驗看看吧。」

於是他們三人懷著玩心，每天輪流對著平板說一百次謝謝，結果到第三天，試著幫原本已經不能使用的平板電腦充電，畫面上居然出現充電中的圖示。

還有一位女性習慣跟吸塵器與洗衣機等家電製品說：「謝謝你總是很努力地工作。」據她所說，家裡的家電製品都能用很久，幾乎不會突然故障。

不只是植物或是機械，言靈的力量也對寵物有效。

對於討厭獨自看家，會趁主人不在時弄亂垃圾桶、到處大小便的狗狗，我們可以在出門前跟牠說：「你會好好看家，謝謝你。」據說這樣做，可以讓狗狗不搗蛋。

另外，有位女性會每天持續撫摸著有尿道結石的貓咪，並跟牠說：「我最喜歡，謝謝你，我愛你。」結果貓呼的身體狀況恢復了健康，之後也不再復發。

好言靈的好波動，其實可以給這世界上諸多存在的事物帶來正面的影響。

有助於提升效果的言靈

念誦言靈有困難時，就唸零極限「荷歐波諾波諾」

接下來，我要跟各位介紹，當遇到「念誦言靈有困難」「明明每天不斷念誦言靈，卻不見效果」等狀況，有絕佳效果的非凡言靈。

曾經，我有些個案因為與親愛的人生離死別，或是因為過往被虐待的經驗而對於念誦好言靈感到難受、情緒低落。

此時，我會建議個案不要勉強自己持續，要改為從清除過去負面記憶的「**荷歐波諾波諾**」做起。

所謂的「**荷歐波諾波諾**」是夏威夷自古以來傳承下來的一種方法，是個只要重複「**謝謝你**」「**對不起**」「**請原諒我**」「**我愛你**」四句話的簡單方法。

基本上，就是依照自己喜好，依序重複這四句話。然而，萬一遇到怎麼樣也無法把「**請原諒我**」說出口的情況時，跳過也可以，從我的經驗或是其他個案的經驗來看，就算是改動這四句話的順序也還是有效果的。

曾經有個個案跟我說，即使一般人認為是好的言靈，自己說起來就是感覺怪怪的。

據說那就表示靈魂正在抗拒。

我請該位個案改說「**荷歐波諾波諾**」後，原本他因為異位性皮膚炎而感到搔癢難耐的狀況居然改善了，身體的狀況也逐漸好轉。

我認為，好言靈等同於給予自己的靈魂與身體營養豐富的東西。

當靈魂與身體感到虛弱，首先從念誦「荷歐波諾波諾」清理自己開始，之後再念誦好言靈，靈魂的吸收效果反而會變好且更有效。

想要改變自己時的亞伯拉罕啟示

伊絲特．傑瑞．希克斯是美國靈媒，同時也是作家，她曾與名為亞伯拉罕的宇宙集體意識對話，並將它傳達給世人。

依據亞伯拉罕的說法，情緒分為二十二個階段。

第一至第七為，愛、感謝、喜悅、熱情、樂觀、希望等正向情緒，第八至二十二則是，焦躁、質疑、擔心、憤怒、喪失自信、無力感等負面情緒。

將這些情緒轉換成言靈時，第一個最是接近神的波動，也是最能讓靈魂開心的言靈，而越是往第二十二個接近，越是會把不好的波動傳遞給靈魂，是會讓靈魂不開心的言靈。

在此，我希望各位特別注意的是，自我否定感是負面程度最高的言靈。自我否定感，也就是**認為自己很糟糕的喪失自信或是無力感，會比憤怒或是焦躁還要來得更為負面**。

比起感覺到憤怒或是焦躁，認為自己很糟糕的情緒反而更能帶出負面波動，這我在第一章已經解說過。**靈魂最不喜歡的就是「欺負自己」這件事**。

我也認為，當人們深信「自己毫無優點」「活著也沒什麼意義」而不斷責備自己時，通常只會把更艱苦的事件吸引到眼前來而已。

只不過，**硬要將某個無法喜歡自己的人克服「厭惡自己」的想法，反而更折磨當事者**。

雖然口說「讓我們喜歡自己吧」很輕易，但我清楚知道，要讓厭惡自己的人變得喜歡自己實在是太難了。

因此，**對於「沒有自信」的人，我建議要使用先前介紹過的「許可形」言靈**，也就是改成「沒有自信也沒關係」。

當人們認可自己的現狀後，再使用「能喜歡自己」的言靈就好。

「允許自己做現在的自己」的代表性言靈之一就是，「我這樣就很有價值」。藉由反覆念誦「我這樣就很有價值」，就能使得原本緊繃的靈魂變得柔軟。

其他我建議的言靈還有，「做自己就好」「現在這樣就很好」「要更愛自己」「允許自己處於現在的狀態」等。

用「心靈之鎖正逐漸打開」來獲得解放

我深深感覺，那些為自己所創造的「我的原則」而把自己綑綁住的人一點也不少。那些「我的原則」便是諸如，「應該做～」「非得～」等。明明有可能變得再幸福一些，卻把自己阻擋在幸福門前。

某次，有名六十多歲的女性個案來找我諮商，她是位無論如何都不允許自己變幸福的人。

那位個案自從三十年前，心愛的兒子在溪流失蹤後，便持續自責至今。

聽說她無數次想過要了結生命，但想起還有另一個兒子，只好打消念頭活了下來。連她在十年前開始，因為全身性的退化性關節炎而疼痛得出不了家門，也認命地想「這是老天給我的懲罰」。

我對這位持續受苦三十年的女性個案說：「償還罪孽差不多該到頭了吧。」

我告訴她，佛壇上擺放著的滿是笑臉兒子的相片裡，可以看出兒子因為自己而讓媽媽無法打心底笑出來，感到悲傷。

於是，我向她提議，請她念誦以下這些言靈：**「慢慢打開心鎖」「逐漸解開心結」「原諒自己」**。

沒想到，兩週後，我再度前往個案家訪視，她不但笑臉盈盈地來迎接我，連全身性的疼痛也大為緩解了。

如果你發覺自己正在綁縛住自己，請允許自己並告訴自己：「我不須要遵守『我的原則』。」

因為太努力而感到難受時的「現在這樣就好」

以前的時代是，決定一個目標，然後奮力達成目標後就會感到喜悅。

然而，現在的時代是，先感到開心、享受，然後才會把好事吸引到身邊。

時代改變了。

即使如此，也還有許多人根深柢固地認為，只有靠認真努力才能獲致成功。

無論是家庭或是工作，樣樣都認真投入，時時關照著人際關係，甚至連念誦言靈都小心翼翼地做到。明明這麼努力了，卻始終沒有成效，令人不自覺地身心都深感疲憊起來。

對於這類過度認真的人，我會建議他們反覆念誦以下的言靈：「**現在這樣就好**」「**不努力也沒關係**」「**我已經非常努力了**」。

這麼做時，有些人會放聲大哭、淚流不止。

如果可以接納自己「不用太努力也可以」，就告訴自己：「想做的時候就做，不想做的時候就放鬆」「只要在想努力時，開心地努力就好」。只要這麼做，**就能做到輕鬆努力的狀態**。

另外，如果可以接納自己「不太過努力也沒問題」時，建議可以持續念誦以下的言靈：**「只要樂在其中，夢想就會實現」「人生充滿了喜悅」「我的人生只會出現好事」「事情會越來越好」「我會有超乎想像的好人生」**。

想要變得更幸福時的「我值得變得更幸福」

當靈魂覺醒，願望逐一成真後，個性越是認真的人越會在腦海中浮現出不安與疑問，想著「人生這麼順遂，可以嗎」「只有我一個人變得幸福，可以嗎」。

當這麼想著，原本已經要邁向幸福途中的狀態，便會嘎然而止，反招致好運停滯的狀態。

此時，我建議可以試著念誦「我可以變得更幸福」「不為金錢所苦，過得豐盛是我的義務」「幸福可以持續到天荒地老」等的許可形言靈。這麼做，會為你帶來超乎想像的豐盛與幸福。

不相信奇蹟時，「厲害的事就是會爽快出現」

有些人不論怎麼努力，現狀就是沒有改變，他們的內心深處會總是懷抱著質疑的想法：「願望才沒那麼容易成真」「世界上真的有奇蹟嗎」。

如果發現自己「啊，該不會我就是那樣吧」，請試著反覆念誦以下言靈：

「厲害的事就是會爽快出現」
「我身邊可以有很多奇蹟發生」
「接下來會出現很多奇蹟」
「奇蹟就是會發生很多次」
「我會把厲害的奇蹟吸引而來」

「每天就是奇蹟的連續」

藉由允許奇蹟發生，人生會迎來許多奇蹟造訪。

有位曾經是家庭主婦的女性個案，原本靠著兼職，每個月賺三、四萬日圓的零用錢，卻在之後成為月營業額兩千萬日圓的經營者。

而有位從事照護工作的男性個案，從原本幾乎沒有存款、在東京都內公寓生活的狀態，轉變成從事開心助人者的靈性治療師工作後，就住進夢想中的海景大廈中。

其他還有許多個案獲致各種奇蹟，比方說，中了彩券得到高額獎金、與幾十年互相憎恨的母親和解等等。

這些連當事人原本想都不敢想的奇蹟，就像是理所當然地發生在他們的人生裡。

窮途末路時的「神啊，請給我一個機會」

有位二十多歲的男性個案，身邊的朋友都已先後找到工作了，自己卻沒辦法在畢業前找到工作。他在成為「就職浪人」後，也很努力找工作，但就是遲遲不能如願。

他的父母每天都對他抱怨說：「明明好不容易讓你上大學，卻……」甚至連原本交往的女友都離他而去，據說他的心情沮喪至極。

我除了告訴他提升運氣的方法外，也建議他可以每天念誦言靈：「**神啊，請給我一個機會**」。

諮商兩個月後，某日，這位男性個案在騎腳踏車前往職業介紹所的途中，看見路中間停了一台貨車。

因為後面的車子猛按喇叭，他見貨車司機十分焦慮，於是趨前詢問對方狀況，原來是引擎熄火，發不動了。

由於男性個案曾經有過類似經驗，因此馬上幫忙聯絡警方與道路救援中心，並幫忙引導拖吊車作業。據說這名看來與自己年齡相仿的年輕貨車司機因為該貨車是公司車而驚慌不已，但因為受到男性個案的協助而充滿感謝。

隔天，那位司機來電連絡說，社長想要當面向他道謝。於是，我的男性個案去了一趟公司。當時社長親自來迎接，正值互相寒暄之際，社長突然問他在哪裡工作，個案據實以告說：「我正在找工作。」沒想到社長當場就邀請他到公司上班。

原來，年輕的司機正好是社長的兒子，也是該公司的專務。據說，因為當天眼看著男性個案的親切與處理狀況的熟悉度，希望有機會能讓他成為自己的左右手。

於是，男性個案現在正在那家公司上班，而且勤奮地工作中。

據說，他現在仍舊會念誦言靈「神啊，請給我個機會」，只要有機會上門，他一定會積極應對。

感到莫名不安時的「不論發生什麼都會好好的」

二〇一一年發生東日本大震災時，耳朵有狀況的個案遽增。

由於電視新聞從早到晚不斷播放著震災的悲慘狀況，我認為可能是身體產生了抗拒反應，希望不要再聽到更多消息的結果。

甚至在新冠肺炎擴大的二〇二〇年之後，因為對未來懷抱著不安而聽力驟減的人們也急遽增加。

莫名不安的情緒，同時也會令靈魂感到不安。

因此，對於擔心未來的人們，我建議可以念誦以下言靈：

「無論發生什麼都會好好的。」

「所有一切都正往好的方向發展。」

「這時候，事情一定會變得更好。」

「無論發生什麼都會船到橋頭自然直的。」

內心不安時，為了讓心情平穩下來，首先請試著念誦這些具有安定靈魂狀況效果的萬用言靈。

感到絕望時的言靈

我在二十多歲時，因照顧罹患憂鬱症的母親而對當時的自己非常失望，心情宛如在漆黑的隧道中行走，全然看不到出口。

如果你現在也跟當初的我一樣，我想向你介紹兩個言靈。

「天之御中主神啊，請給我幫助，謝謝祢」

這第一個言靈是日本作家齋藤一人先生教我的，就是**「天之御中主神啊，請給我幫助，謝謝祢。」**

天之御中主神是日本最古史書《古事記》上所記載，天地創始之初就出現的神。

據說祂不但是宇宙的基礎，人類的靈魂也都是由祂所分離出來的。

亦即，只要對這位統籌所有人類靈魂的神傳達「請給我幫助，謝謝祢」，一定會獲得力量的。

甚至只要專心地念誦這句言靈，就會有以下這些奇蹟發生：「不用再吃數十年來無法停藥的憂鬱症藥物了」「不知道自己喜歡做什麼而持續打工至今，卻在朋友的建議下，找到了由衷熱愛的工作」「原本長期須要照護的雙親身體恢復到能獨立活動的狀態」等等。

「每天，方方面面都變得越來越好」

第二個言靈是「**每天，方方面面都變得越來越好。**」

這個言靈是法國著名的藥劑師與心理學家埃米爾．庫埃（Emile Coue）的名言。

埃米爾．庫埃是暗示療法的創始人，他讓自己的所有病人念誦這句言靈，結果得到了驚人的治癒率。

這句言靈不單是健康問題的人可以用，甚至是那些「明明努力地想要讓人生好轉，卻不知該從何下手」「人生充滿窒礙，不知道該念誦哪個言靈」的人們也可以用，總之若希望能有有一點點轉變，就請試著念誦看看。

應該會從天而降一個轉機，讓人宛如看見一道光芒。

如果以上這兩個言靈說得不順，建議可以試著說說看：「雖然不知道為什麼，但一切就是正往越來越好的方向發展。」

這句話也可以依照你個人的狀況做一些調整。

「不知道為什麼，總之我就是變成有錢人了。」

「不知道為什麼，總之我就是跟理想中的人結婚了。」

「不知道為什麼，總之，媽媽完全恢復健康了。」

藉由「不知道為什麼～」讓你躲過常識或是既定印象所產生的心理障礙，將誠心誠意許下的願望傳達給靈魂。

使用言靈為身邊的人帶來幸福

經常有個案因為親愛的人為疾病所苦、工作不順遂而煩惱，並前來詢問我：「言靈的魔法難道無法傳遞出去嗎？」

另外，也有些人會因為自己過得越來越幸福，而希望自己也能為家人帶來更好的人生。

事實上，言靈也能作用在親近的人們身上。

因為好的言靈波動不單只會作用在你身上，也會為身邊的人帶來作用。

前面提到，我在每天重複跟自己說一百次「我真幸運」後，母親的憂鬱症就痊癒了的故事。

還有一位媽媽在孩子大學入學考時，每天念誦「謝謝祢讓我的孩子如願考上第一志願」，最終孩子果真如願考上了第一志願。

以及，因為新冠肺炎的政府防疫措施，而導致非得把餐飲店面關起來的老闆娘，藉由每天不斷念誦「沒問題的，船到橋頭自然直」，最後即使縮短營業時間，卻仍舊讓營業額比疫情前還要來得好。

類似這樣的實例多不勝數。

而藉由言靈讓身邊的人獲得幸福的訣竅就在於，不把自己的期望像這樣「我希望對方這樣」「我希望對方改變」加諸在他人身上。

尤其對方的期望若與你相互一致是最好的。

比方說先生生病了，但太太與先生都希望能痊癒，那麼就只要不斷念誦「出乎意料地痊癒了」「完全回復健康，狀況非常好」即可。

另外，如果孩子希望自己能順利考上Ａ大學，而媽媽能反覆念誦：「謝謝祢，我的孩子順利考上Ａ大學了。」就是強大的後盾。

然而，比方說，孩子明明想要考上Ｂ大學，而父母卻硬要這樣念誦：「謝謝祢，我的孩子順利考上Ａ大學了。」則是非常不好的做法。

因為將「自己的期望」強行加諸在對方身上這件事很容易成為我執，所以，當孩子不期望的結果成了你的期望，無論雙方如何努力地念誦言靈，只可能變成引來不好結果的「壞言靈」。

當自己與對方的期望相左，就讓我們念誦萬能的言靈「謝謝」或「船到橋頭自然

直」吧。

如此一來，老天應該就會為你與對方安排最好的結果。

超越好轉反應的方法

東洋醫學中，在使用漢方藥或按摩等手法來改善症狀的過程中，人會出現頭痛或是疲倦感等症狀，這種暫時變糟的狀況稱為好轉反應。

事實上，一旦開始念誦言靈，有不少人都會出現所謂的好轉反應。如果不事先知道好轉反應出現的可能，很多人會因為明明已經開始說言靈，卻只出現討人厭的狀況而放棄。

一般來說，好轉反應分為肉體上的與精神上的兩種。

首先，**肉體上的好轉反應中，常見的有變得嗜睡、倦怠。另外，也經常會出現便祕、拉肚子或是濕疹。**

而精神上的好轉反應中，經常會見到的有，過去的痛苦記憶又再度出現。

比方說，開始想起過去「與前男友分手的畫面」「孩提時，因為搗蛋而被關進置物間裡的畫面」「工作上犯錯，被主管在所有同事面前責罵的畫面」等。

我建議，如果你出現了肉體上的好轉反應時，暫時讓身體休息是個好方法。然後，看狀況如何再繼續念誦。

而如果是**精神上出現好轉反應時，則首先要先冷靜以對**。因為，為了精神上的好轉反應而感到驚訝害怕時，很多人就會因此而停止念誦言靈。

但是，**精神上的好轉反應反而是言靈的作用觸及了深埋的記憶所致，此時的狀況正是重新淨化記憶的象徵**。

萬一有些令人難受的記憶被喚醒時，首先請覺察到「啊，這正是好轉反應啊」。然後，這樣接納自己、安慰自己：「那時，真的是太糟糕了。我做得真的太好了。」

如此這般地重複，難受的記憶也會消解掉的。

要記得，當妨害你繼續念誦言靈的障礙產生，也算是好轉反應的一種。

比方說，有時身邊的人會認為「你是不是信了邪教」，或者「父母對你說『你別以為那樣就可以改變人生喔』」等負面反應。

這些情況尤其**容易出現在你與神的同步率大幅提升時**。

我認為，這是靈魂想對你做個測驗，看看你是不是真的想要改變。

如果你發現出現了某些障礙時，請回想起這段話，並跟自己說：「啊，這是來自靈魂的測驗。」請先靜下心來。

其他還會發生類似以下事件。

有些個案會說：「當我突然有了一筆收入，家裡的某個電器卻突然故障，於是我就得多花錢處理。」等。

據他說，當他想著「這不過是差不多該換了而已」，然後繼續念誦言靈，沒想到之後又進來幾筆意外的收入。

另外，也有個案說：「當我開始念誦言靈三週左右，我的重要客戶居然解除了合約。」

一開始雖然感到忐忑不安，但他仍繼續念誦著「船到橋頭自然直」，據說，他後來就遇到更好的客戶。自那之後，他跟新客戶關係很好，除了收入變得更多，也因此有了更多自己的時間。

因為持續念誦言靈而發生的類似這樣的事情，我認為是「好轉反應＝為了讓你發現『為了要更好，因此改變一下比較好』所發生的」。

只要持續念誦言靈，即使當下會想著「究竟為什麼會這樣」，但之後回頭看，應該會發現人生越來越好。

第 3 章中提及的言靈一覽表

★ 有助於金錢（工作）的言靈

「今天也會是最棒的一天」「果然會出現神的奇蹟」「做了就會有好事發生」「我身上只會發生好事」「我的存在會帶給身邊的人幸福」「船到橋頭自然直」「沒問題的，一切都會好好的」「不知道為什麼，但就是會有好多錢進來」「一切都會導向成功」「神啊，請讓我成為你的道具，盡量運用」。

★ 有助於健康的言靈

「謝謝腸胃，總是幫我消化食物」「謝謝頭髮完全回復成健康黑亮的秀髮」「無論我怎麼吃，都能維持在五十三公斤，謝謝身體」「船到橋頭自然直」「神的奇蹟一定會發生」「絕對沒問題的」。

★ 有助於人際關係（愛情、親情）的言靈

「我會逐漸成為人生伴侶類型的女性」「謝謝」「幸福」「船到橋頭自然直」「開心」「愉快」「最喜歡」「會有很多幸福來到某某人身邊」「沒問題的」「一定會越來越好」「運氣真好」「我愛你」。

★ **對念誦言靈感到痛苦時**

念誦荷歐波諾波諾的四句真言「謝謝你」「對不起」「請原諒我」「我愛你」。

★ **想要改變糟糕的自己時**

「光是這樣的自己就有價值」「我只要是我就夠了」「這樣也很好」「我要更愛自己」「我要原諒自己」。

★ **當感到自己綑綁自己**

「心的枷鎖正在鬆綁」「心越來越放鬆」「我原諒自己」。

★ **當為自己太過努力而感到難受**

「現在的自己就很好」「不須要努力也沒關係」「我非常努力了」「只要能樂在其中，就能實現夢想」「人生充滿了喜悅」「我身邊只會出現好事」「情況眼看著越來越好」「我的人生會超乎想像得好」。

★ **想要變得更幸福時**

「我可以變得更幸福」「擁有金錢上的豐饒與各種富足是我的義務」「不論何時何地，幸福會永遠持續下去」。

★ **不相信奇蹟時**

「馬上就會發生不得了的事」「可以發生很多奇蹟」「接下來會出現非常多奇蹟」「奇蹟會發生很多次」「我會吸引到很多厲害的奇蹟」「每天都是奇蹟」。

★ **感到窒礙難行時**

「神啊，請給我機會吧」。

★ **感到莫名不安時**

「無論發生什麼都沒問題」「一切都會往好的方向發展」「這件事一定會往變成好事」「無論發生什麼都沒問題的」。

★ **感到絕望時**

「神啊，謝謝祢幫助我」「每天，方方面面都變得越來越好」「不知道為什麼，但所有一切都越來越好」。

第 4 章

同步率 70%以上
與神有共鳴區

讓我們為人生帶來
更多奇蹟吧

用言靈讓人生更加發光發熱吧

終於來到最後階段的第四章，在這一章裡，我要跟各位介紹更進一步與神同步的概念與技巧，名為「以 Plus alpha 使言靈效果倍增」。

在「與神同步率的檢查表」中，達到超過七〇%就屬於「與神共鳴區」。如果你是從第一章閱讀至今，並且確實實踐每一項練習，那麼與神同步率應該已經非常高段。

至於來到這個階段究竟會發生什麼事呢？

首先，你應該會感覺到，看世界的感覺已經大不如前了。

明明眼前所見的景象跟從前並無二致，感覺上卻宛如解析度提升了好幾萬倍一般，不但清晰不已且閃閃發亮，臉上的笑容與自然脫口而出的溫柔話語應該也增加許多。

一天之中感覺到心情平和與幸福的時間應該也越來越多。

當然，這並不是說生活順遂到不行。

而是，即使是發生了突發事件，也能沉著且正向面對，並能活用來自靈魂的靈感來應對。

再者，因為能以「原原本本的自己」「當下的自己」示人，所以完全不須要多加掩飾，跟每個人都能以最自然的樣貌互動交流。

正是因為與靈魂更親近了，所以，內心自然會想要把房間打掃乾淨、將不需要的物品斷捨離，讓生活更加舒適。

我覺得，這樣的人將會從原本被生活追著跑的狀態，逐漸轉變為擁有餘裕面對自我內在與思考人生的狀態。

而且，更大的變化就在於，生活中發生奇蹟的次數增加，顯化速度也變快。

甚至會認為「出現奇蹟是應該的」。

更驚人的是，任何人只要實踐第四章的訣竅，都會有「我的人生就是被奇蹟所包圍，有奇蹟發生很正常」的感覺。

最強的言靈是自己的名字

你們猜我希望各位要好好珍惜的最強言靈是什麼？

我認為，最強言靈比其他任何言靈都來得能讓你的人生更富足、更幸福。

因為我自己也是受教於成功的商業人士而實際體驗過這個超強大言靈的人。

會是「謝謝」嗎？還是「船到橋頭自然直」呢？

其實，對我們來說，最強的言靈正是我們的名字。

我想一定會有不少人感到不可思議地想：「什麼，居然是自己的名字？」但是，我的老師告訴我：「總之，一定要好好珍惜自己的名字。」

因為，每個人的名字都蘊藏了父母的想望與期待。

有孩子的父母一定有這樣的經驗。當孩子出生後要為他取名，有時候會算姓名筆畫，有時候會請長輩幫忙取名字，或是以歷史上的名人為範例取名，總之就是會拚盡全力想出一個好名字。

事實上，我自己在三十歲過後才第一次知道為自己取名的人是誰。某日，我突然問母親：「我的名字是誰取的啊？」母親回答說是父親，聽到答案後，我驚訝得整個下巴幾乎要掉下來。

為什麼我會有如此驚訝的反應呢？那是因為，我在二十九歲之前，與父親的關係極糟，有時幾乎可以用憎恨來形容。

據母親說，當年父親非常期待我的出生，因為我是他們的第一個孩子，於是父親表示想要親自為我取名。左思右想的結果，最後是由一位從事牙醫工作，且在地方上頗有名望的親戚幫我取名。

因為父親希望我長大後，能像那位親戚一般成為受人仰慕的人。

父親希望我長大後，能成為一個充滿愛且受人尊敬的人。

那天，當我得知自己的命名由來與父親的期望之後，看待父親的眼光就有了一百八十度的轉變。

原來，父親在我出生前就愛著我。

當我開始轉變想法，就一改過去的態度，變得能接受父親了。

經常聽到有人說，不喜歡自己的名字。

我在想，那會不會是因為對自己沒有自信，或是不喜歡自己的父母所致。我認為，越是不喜歡自己的名字，越應該要向父母詢問自己名字的由來。

即使現在與父母的關係不好，只要想著**自己的名字是他們兩人用盡心力幫忙命名的，對他們的看法應該也會有所轉變。**

對日本人來說，最強的言靈肯定是「謝謝」。然而，這世界上只有對你有效的、**只屬於你的最強言靈就是「你的名字」。**

那正是，重要至極的言靈。

只要你能好好珍惜你的名字，人生就會慢慢變好。

請試著在平常就說出自己的名字。

當有機會把自己的名字書寫在申請書或是合約書上，請要懷抱著誠意，一筆一畫地用心書寫。

接受「下雨天」的方法

學會了言靈相關的基本法則後，現在還差最後一步，那就是強化感謝體質的訣竅。

以下將為各位介紹。

那就是，即使是負面思考也要原原本本的接納。

我想，一定會有人想：「這是什麼意思？」

我認為，人沒有必要一年三百六十五天，每天早晚、每個瞬間都抱持正向心態，關於這一點，我前面已經提到過。

因為人生有時就是會出現負面的壞時刻。我們難免會有一直出現壞情緒，不小心說出壞言靈的時刻。在第二章中，我提過，萬一遇到這樣的時刻，只要使用「消除法」就好。

然而有些時候，原本一直持續的壞日子，也會因為改變想法，而讓人覺得，只要改變觀點，壞日子也不一定是壞日子。

請試著這樣思考看看。

如果以天氣狀況來譬喻「正面狀態」，那就是陽光耀眼的大晴天。

此時，若內心一直想著：「陰天或是雨天是壞日子，而颱風跟下雪則另當別論。」就有點可惜。

多雲的日子，氣溫最是舒適。

降雨過後，空中的溼氣可以滋潤肌膚，又能幫忙洗車。

如果持續日照，降雨不足，則有可能吃不到美味的米，所以雨水還是必需的。

在沖繩，颱風來時，雨水會與海水相混合，有助於幫助海水降溫，珊瑚礁也能得以喘息而變得健康。

像這樣，當我們改變觀點，無論是多雲或是下雨，即便是颱風，都各有其優點。

當然，即使覺得討厭，我們也無法改變天氣狀況，所以，藉由看出它的好，就能讓內心保持平靜。

我不認為這樣的思考方式是正面思考，而是把這樣的思考方式想成是接納無常的「接納思考」。

「接納思考」是指，即使發生了一般人認為的壞事，我們也能不抗拒地接納。

不單是天氣狀況，連人生也會發生表面看起來是負面的、損失的事。然而，此時，若能不心生厭煩地抗拒，而改用「這一定是要教導我什麼事才發生的」觀點來看待，所有發生的事都能成為寶物。

成功經驗雖然會為人帶來自信，守護人生，但是，失敗或是負面經驗也能成為學習、覺察與教導。

像這樣，當人能學著原原本本地接受所有發生在身上的事，與神的同步率也會越漸提升。

然而，如果是與神同步率低於七〇%以下的人，我建議還是要保持某種程度的正向比較好。

若以杯子裡裝泥巴水為例，當我們大量傾注正面語言，盡早讓自己接近清理狀態，與神的同步率也會提升。

如果是與神同步率已經超過七〇%的人，請把這當作是，可以更加提升同步率的方法。

就算覺得這些做法很困難，也請試著以逐步地把以往當作是壞事的那些事件轉換成「其實並不是壞事」的觀點為目標努力。

人生可以是百分之百的幸福

一旦把與神的同步率提升到超過七〇%時，不但奇蹟發生的次數會增加，願望成真、顯化的速度也會加快。

只不過，有不少人在此時並不向著百分百幸福的方向前進，反而自己擅自停了下來。

那是因為，人們會在無意識中這麼想：「人生不可能存在百分百的幸福」「人生本來就好壞參半」「人生總是有高有低」。

當人們有這樣的想法，即使感到非常幸福，仍舊會害怕地想著：「一定快要發生不幸的事了。」於是意識會傾向負面事情。然後，只要發生不好的事情，人們就會接受地想著：「沒錯，果然會發生。」而全然接納。

但是覺醒的靈魂會告訴你：「在你身上只會發生好事。」我希望當你聽到這樣的聲音，請一定要相信它。

我想要告訴正在閱讀這本書的你，「人生是可以有百分百幸福的」。

我們父母那一輩的人們，大多認為清貧是美德，想要過得比別人更豐盛是貪心的。我受到了父母的教導：「只要刻苦耐勞地努力幾十年後，一定可以變幸福。」，因此在二十七歲以前，價值觀一直是如此。

正是因為我有「刻苦耐勞的人才能高人一等」「人生是一場修行」的想法，所以我才總是往苦裡去磨練。

但是，自從我在二十七歲時讀到齋藤一人的書，才覺察到，「只要以愉悅開心為基準來做選擇就好喔」，於是整個人生轉變得愉悅、開心、幸福又豐盛。

我希望，當你們在遵從靈魂所教導的「我喜歡這個」「我不擅長那個」的方向前進中，一定要過著百分之百的幸福人生。

身邊有操心成性者時的注意要點

在第三章中，我曾提及，言靈對親近的人也有作用，甚至也能為身邊的人帶來幸福。事實上，反過來說，親近的人的負面言靈也會對你帶來影響，關於這一點，我必須在這裡提出來。

比方說，當你為了想要從疾病中痊癒，並反覆說著「謝謝」，而他人卻在一旁潑冷水地說：「就算你這麼勤快地這樣說，病也不會好。」

另外，也有人並不否定言靈，但卻**會在一旁露出擔心的模樣，並不斷說著：**「說不定你的病不會好了」「再這樣治療下去也只有痛苦而已」「你要做一些無謂的努力，我也沒辦法」等等。

處於這樣的狀態下，你再怎麼說好的言靈，也不會出現什麼效果。

此時，你能做的就是忽視身邊人所說的負面語言，專注地獨自持續念誦言靈。當你所念誦的「言靈」強過對方的負面語言，就不必要與對方共享言靈。

說不定，現在你的內在仍期待與家人或重要的朋友間能共同擁有某個言靈。

然而，**如果對方與你的信念相左，其實並不須要勉強對方理解你，或是試圖改變他們的想法。**

因為只要改變自身的波動，在不知不覺間，身邊的人也都會變成跟你同一陣線，不須要緊張。

只不過，當身體狀況變得不好，心裡擔心著「不知道未來會變成如何」，或是因為事業失敗而變得手頭拮据等，感覺「天地之大，卻無我容身之處」時，更是不要從身邊的人那裡接收到負面能量。

此時，我建議，要拿出勇氣把這本書拿給對方看，告訴他：「不須要擔心，我希望你能支持我的做法。」

要把這些內容說出口可能有些困難，但是只要對方以信賴代替擔心，肯定代替否定，就一定能成為你的助力。

用「預先祝福」讓願望成真

在日本，到了春天櫻花盛開時，人們會相約在櫻花樹下喝酒賞花。

其實，賞櫻花是自古以來人們一直在實踐的實現願望方法。

當我們看見「秋天時結實累累的金黃稻穗」，會心生祝福地想著豐收，而看著盛開的櫻花也會將願望成真的狀態吸引而來。

藉由事先慶祝，將能吸引願望成真的狀態來臨，因此稱為「預先祝福」。

順帶一提，日本在盂蘭盆節跳的盂蘭盆舞也是同樣的概念，當人們在夏天跳著喜悅之舞，就是在呼喚秋季的豐收，是一種「預先祝福」。

據說，職業選手通常都會反覆想像自己打出全壘打或是投出內飄球的畫面。由於實際上成功時，腦部會出現反應的部分與想像時腦部會出現反應的部分是相同的，所以，事先讓大腦記得成功時的狀態，將有助於夢想成真。

如同上述的大腦作用，**靈魂的特徵也是無法區分現實與想像**。因此，當我們在腦中描繪作物豐收的畫面，或是在盛開的櫻花樹下感到喜悅，靈魂就會開始運作，讓夢想成真。

也就是說，在腦中想像「想要變成的樣子」，為「已經夢想成真」感到喜悅，這種「預先祝福」會讓靈魂努力且真實地呈現出我們「想像中已經願望成真的樣子」。

我經常邀請個案想像，「如果一年後最棒的未來樣貌已然出現，現在的你會是什麼狀態」。

請他們仔細想像自己正在從事的工作、住家的模樣、與怎樣的伴侶一起生活、開什麼樣的車子，喜歡做的事情是什麼等的理想狀態。

想像結束後，再請他們進一步想像，一年後偶然間在街上遇到朋友們的狀態，當朋友們開口向你詢問道：「好久不見！最近過得怎麼樣？在忙什麼？」你回答的內容就是理想生活的樣貌。

例如，「好久不見！我現在住在夏威夷，正在從事線上諮商的工作。」

「今天恰巧來東京工作，晚點要跟先生一起吃飯呢。」

「諮商工作是一分能幫助個案改變人生，很有意義的工作。」

「托你的福，我現在事業順利，每周只須要工作三天，年收入是以往當上班族時代的十倍。」

「因為我先生是投資者，只要一台電腦就能工作，所以我們經常一起出國旅行。」

等等的，以盡你所能想像出的絕佳狀態來回答。

這個練習最好是跟好朋友或是夥伴兩人一起做。

要是你找不到人練習，就把自己說話的內容錄下來，每天早晚放給自己聽。如果能同時想像，當一切願望都成真，你的心情會如何，又會有如何的幸福感，這是最加分的作法。

藉由事先感到喜悅，祝福未來，靈魂就會把同樣的狀況吸引到你眼前來。

讀到這裡，可能有人會認為這裡所說的「預先祝福」跟第三章所介紹的「過去完成式＋感謝」很類似。

「預先祝福」的特徵是，事先感受到喜悅。

我的感覺是，「預先祝福」就如同我們賞花與跳盂蘭盆舞時，要充分享受許多樂趣才行。因為開心的情緒也會影響靈魂，當靈魂的波動接近神，願望就更容易成真。

究極訣竅是對活著抱持感謝

我在第二章中已經談過，具備「感謝體質」這件事的最大特徵之一就是與神同步，因此容易吸引奇蹟。

請不要把發生在身上的事當作是理所當然的，**要看見所有事物的難得之處，並持續懷抱感謝。**

如此一來，幸運就會持續下去。

而在所有感謝中，最強大的感謝，其實就是「對擁有生命這件事懷抱感謝」。

我在接近三十歲時，有位尊敬的長輩告訴我說：「如果你能念誦『感謝祢賜予我生命』，人生將會大大好轉。」自那以來，我每天就持續念誦不斷。

我們每個人光是有生命活在這世上這件事本身就是極大的奇蹟。

在人類的身體裡，在我們沒有意識之間，「身體從空氣中取得氧氣，送給全身每個細胞」「身體消化食物，並作為了營養使用」「將不需要的物質收回並排泄出體外」等等，身體的這些機制如魔法般二十四小時不間斷地運作著，「使我們活著」。

我們所有人都從神那裡接收到「要變幸福」的指令，並得以存活在這世上。只要想到，為了讓人類變得幸福，身體無論遭遇什麼事都會隨時試著維持在良好狀態，就要感到「我們能活著，真是該大為感謝」。

在我們平安無事的這個瞬間，實際上就已經是來自神的禮物了。

而念誦「感謝讓我們活在世上」，不單是感謝靈魂或是神，也是感謝命運共同體的祖先。

你猜猜，如果回溯二十個世代的祖先，總共有多少人。

首先是你的雙親與外公、外婆、祖父、祖母，光這樣就有六個人，再往上追溯到曾祖父、曾祖母、外曾祖父外曾祖母，共計就有十四人。

若順著這樣往上數，就是三十人、六十二人、一百二十六人等一路往上加，若是十個世代左右，共有二千零四十六人。如果是二十個世代，居然高達兩百零九萬七千一百五十人。

若缺了約兩百萬人之中的一位，你可能現在就不存在這世界上了。這麼一想，是不是能感受到，這個與祖先們相聯繫的命運鎖鏈的重要性。

如果能因為這樣而感受到活著就已經是很值得感謝的事，你就能認可自己的存在。

所以，能讓那些我們看不見的所有存有支持我們的最強感謝言靈就是，**「感謝讓我們活在世上」**。

Work ⑦

即使只有二〇%的順利，也要念誦「我今天也很順利」

接下來，為了讓各位更能與神同步，我要介紹極致的練習。閱讀到第四章，且已經提升了與神同步率的各位，應該已經實際感受到言靈的效果。

在這裡，首先我要跟各位介紹，無論在戀愛、工作、金錢等各方面能順順利利的練習。

那就是，無論處於任何狀況，都要念誦：「每天，我在任何方面都順利。」

曾有個案在聽我這樣說時詢問：「可是，我明明就不順利，卻念誦『順利』，不就是騙人的嗎？」

在第三章中提到，已經提升自己與神同步率的人，要小心容易被當成真心話的「逆暗示」。

但是，**這裡的練習並不會變成「逆暗示」或是謊言**。

這個練習並不是要你把心裡負面想法的真心話硬想成是「非常好」，而是要試著改變看法，**將原本的狀態想成是「或許這就是非常好的狀態」「這就是非常好的狀態」**。

我之前提到過「接納思考」。與「接納思考」同樣，這是藉由改變看待事物的方法來改變心中真心話的練習。

藉由反覆念誦「每天我方方面面狀態都非常好」，讓自己察覺到現在狀態中的好狀態，自然地找到好事。這麼一來，你就能實際感覺到現在這個瞬間「真心值得感謝」。

作家齋藤一人說過：「**無論是身體狀況、工作，即使只有二〇%是順利的，也要說『今天狀況非常好』**。」

不是「百分之百順利才等於非常順利」，而是「即使只有二〇%的順利也要想成

『今天非常順利』」，這樣一來，心情就會很輕鬆。

另外，**事先把「非常順利」說出口，靈魂就會得到「沒錯，非常順利」的能量，而讓事情變得非常順利**。

我認為就是因為這個緣故，齋藤一人所經營的事業，才會在普遍世界都不景氣時，還能持續成長。

言靈會逐漸為我們引導出人生順利的狀況。**如同言靈所說的現實，實現時會有時間差**。

所以，藉由先反覆念誦「非常順利」，就會讓非常順利的日子快點到來。

Work ⑧ 祈願討厭的人幸福，也能為自己帶來幸福

我想，無論是誰，身邊多少都有一、兩位行事作風讓人感到難以招架的人。

當人們遇見這樣的人，經常容易開口說出他們的壞話：「為什麼他總是以貶抑的方式與人說話？」或面對討人厭的主管，就期待對方發生不幸地說：「真希望那樣的人快快從我眼前消失，但他怎麼還在？」

但事實上，**當我們經常把壞話的壞言靈掛嘴邊、期待別人發生不幸，壞言靈的波動會正好跟你難以招架的人們的「討厭部分」的波動相同，最後造成你根本無法擺脫他們。**

因此，我希望有同樣煩惱的各位能試著這麼做：「**越是你不喜歡的人，越要祝福**

他們幸福。」

若無法真心誠意地祝福他們時，只要這樣念誦言靈就可以：「祝某某人今天也能順利過一天」「希望某某人今天有許多幸運出現」「謝謝老天讓某某人健康又幸福」。

有不少個案跟我說，當他們開始祈禱自己不喜歡的人獲得幸福，對方要不就是有職務異動到其他單位，要不就是團隊成員有些變動，或是對方突然改變態度等等。

在第三章中，我曾為各位介紹改善人際關係問題的言靈，這些言靈非常有效，請一定要試試看。

另外，與不喜歡的對象相處時，很多情況下，心情會變得很煩躁，感到苦惱。**此時，能維持心情平穩、讓人際關係轉好的言靈，我認為是佛教的「慈悲冥想」**。

做法跟「祈禱對方變得幸福」的技巧相似，但是，「慈悲冥想」是先從祝福自己與親近的人，以及一切有情眾生能獲得幸福開始。

無論如何，人們總是會抗拒讓不喜歡的人得到幸福。

我認為，此時，只要試著做這個「慈悲冥想」，會比較容易消除心結，也容易進行。請上網搜尋看看，並請試做看看。

我曾經有一段時間會把「慈悲冥想」的內容列印出來，在每晚睡前讀一遍。這麼做，讓我感到幸福的時間增長，也能自然地脫口而出好言靈。

我有位個案一開始是半信半疑地持續念誦「祝福不喜歡的人得到幸福」，卻因此逐漸改善他與難搞主管的關係，甚至主管還開始每天送他一罐罐裝咖啡。該位個案說，甚至當他希望主管調職的願望成真，還感到一絲寂寞，可見他跟主管的關係真的改善了。

另外，我之前提到過，靈魂無法區分你是在跟自己說話，還是跟他人說話。因此，無論你祝福誰，對靈魂來說，都是在直接祝福自己。

Work ⑨ 具壓倒性效果的「言靈一日挑戰」

如果你讀到這裡也認真做練習了，卻還感覺不到言靈的效果，那麼接下來，我要介紹發生超多奇蹟的方法。

那就是，**毫不間斷地念誦「謝謝」這個言靈**。基本要超過兩萬次以上、時間則是超過四小時。

在第一章中，我說過，念誦言靈這件事就猶如在裝有混濁的水杯中，再注入乾淨的水一般。**請想像一下，藉由不間斷持續念誦言靈，就跟把乾淨的水一口氣注入杯中一樣。如此一來，就會有在短期內，大大改變靈魂狀態的效果。**

我在二十七歲時，在某個休假日從早上七點開始，到中午前十一點半的四個半小時期間，做了這個練習。**結果，在結束當下，我淚流不止，整個人一直哭泣到呼吸困**

難的境地。

當時，在我腦海中浮現出的是對父母的感謝。

「媽媽，謝謝妳忍痛生下我，又扶養我超過二十年。」

「爸爸，為了養育我們，讓你一直辛苦又拼命工作。」

類似的情緒不斷湧現，讓我眼淚掉不停地哭了兩小時。

前面我曾經提到過，曾有段時期跟父親關係不好。二十七歲時，我拒絕跟爸爸接觸，關係陷入僵持，卻因為這個練習，而從心底湧出對父親的感謝之情，連我自己都大為震驚。

有不少個案都跟我同樣做了這個練習，後來他們都跟我說，在練習後，有許多情緒湧現，也都流了許多眼淚。

這個練習的目的並不在於流淚，也不是不流淚就算失敗。

不過，花這麼多時間大量念誦「謝謝」是有價值的。只要持續大量念誦感謝，任何人都可以簡單養成感謝體質。

這個練習的重點就在於「不中斷」。

因此，我建議要騰出四到五小時的時間，到沒有人會打擾的環境下進行這個練習。但是，為了上廁所、喝水等的中斷是可以的。

另外，在進行這個練習時，如果分心抱怨起某人，或是想到「這個禮拜的支出該怎麼辦」等負面事項時，只要在心裡想著：「沒事，取消。」再繼續這個練習就好。

根據我自身的體驗與個案們的經驗，在一小時以內的分心想法都是可以消除掉的。

請試著盡可能不要想著任何的不平、不滿、不安、擔憂等事情，來完成言靈的一日挑戰。

Work ⑩ 一天四次，讓人跟你道謝

事實上，這個世界的運轉方式是，「付出的東西最後會回到自己身上」。
總是微笑以對或是說出好話的人身邊，就會聚集同樣波動的人事物。

因此，只要對他人說出好話、道出感謝，你就會收到比自己說出口的好話與感謝還要多的回饋。

因為，不論是誰都不會想要跟總是盤算著「想要對方幫我做事」「想要對方送我東西」的人親近。

為了能讓人生更豐盛美滿，我想要邀請你試著做一個練習，就是由你送出感謝。

然後**試著在一天內讓四個人對你說出「謝謝」**。

請務必以玩遊戲的感覺開始這個練習。無論你是抱著「這真的能讓人生更美好嗎」的得失心開始，或是以嘗試的心情開始都無妨。

為了讓人對你說出「謝謝」，你要做出讓對方說出「謝謝」的行動。也就是說，要以服務他人的想法來進行，例如笑著與人交談、讚美對方等。

比方說：

- 在交通工具上，讓座給年紀大的人。
- 如果自己手邊的事提早完成，就去幫同事的忙。
- 即使不是紀念日，也買一束花給伴侶。
- 讚美帶著笑臉的店員。
- 送巧克力給常去剪髮洗頭的美髮師。

等等，試著積極地讓人開心。

如果是自己念誦言靈，那無論是要一千次或是一萬次都不困難。

然而，**如果是為了得到他人的感謝，那就非得要讓人願意說出口。只要持續這個**

練習，你就會感覺到：「只要成為讓他人感到開心的存在，就會越來越富足。」

做這個練習不要勉強自己，每週一天也好，但請務必要試試看。

給還是擔心不會有奇蹟出現的你

為了讓各位能實際體驗到言靈的奇蹟，所以在本書中舉了許多的具體實例，諸如：「我順利地與理想伴侶結婚了」「重要親人恢復了健康」「從意想不到之處獲得了金錢」等等。

然而，當我們聽到太多難以置信的奇蹟發生在他人身上，總是會有人感到些許困惑地想著：「這麼棒的事情，一定不會發生在我身上」「我怎麼到現在都還沒發生任何改變呢」「反正我就是不行啦」。

實際上，有位女性參加了我所經營的「用言靈讓人生好轉的團體」後，把自己跟其他已經有發生奇蹟的人們互相比較，結果因而感到痛苦，並對我說「ｍａｓａ老師，就算我再怎麼努力念誦言靈，也沒有奇蹟發生在我身上，能向別人分享的事情一件也沒有。我覺得很對不起大家，請讓我退出吧。」

但是我告訴她：「**我不希望妳認為沒有發生奇蹟的自己是很糟的。**」

現在的妳應該是被非常幸福的氛圍所包圍著的。

有人吃妳親手做的飯，並且會跟妳說「非常美味」。

有一分正當的工作，薪水也不錯。

我希望妳這樣想：「並非『念誦言靈也沒有奇蹟發生』，而是『正是妳念誦了言靈，所以才能有這樣幸福的生活』。」

有位女性個案曾經來找我商量，關於老公睡覺打呼的煩惱。但是，當她的先生去世後，她才驚覺：「原來以前是聽著他的鼾聲，我才能安心入睡的。」並邊說邊掉眼淚。

同樣的，也有個案是當身體不適後，才發現身體健康是一件值得感謝的事。以及，孩子有學費要付，才覺得自己付得起那樣的金錢，其實是須要感謝的。

我希望各位不要把焦點放在「現在還沒有的事物上」。想像一下，萬一哪一天失去某物後的心情。我希望各位能察覺到理所當然的日常生活該有多麼的值得感恩。

「多虧了言靈，我才能過著安穩的生活。」

「我之所以能每天過著平靜的生活，都是虧了言靈的力量。」

我認為，唯有能這樣思考的人才會迎來奇蹟。

快速複習！第 4 章的內容整理

★ 只要與神的同步率超過70%，你所看見的世界將大大改變！

・奇蹟發生的次數變多，顯化速度也會加快。

★ 大為提升與神同步率的訣竅

・對你來說，最強的言靈就是「你的名字」。
・無論發生什麼事都原原本本地接受的「接納思考」。
・不用踩煞車，「人生可以100%幸福」。
・當身邊有愛操心的人就要小心。
・來挑戰看看，事先祝福並將願望成真的狀態吸引而來的「預先祝福」。
・無論是怎樣的一天，都要把今天當成是「今天也是超級順利」。
・祝福討厭的人幸福，自己也會變幸福。
・大量念誦「謝謝」來排毒。
・藉由說出「謝謝」來得到「謝謝」。

結語
對發生的所有事說謝謝

這本書會成為你大大改變人生的契機。

就像我在高中二年級時認識到的「吉田老師」一般。

高中二年級的班導師吉田老師是位讓人聯想到「松崗修造」（打進大滿貫賽事的日本網球員）的熱血男兒。

「問題不在做不做得到，而在做與不做。」

「請把目標設為自己達不到的狀態。」

「只要抱持熱情，不懈怠地努力，夢想就會成真。」

吉田老師每天早上跟回家前都會在教室說一遍類似這樣的話，起初我總是覺得「他這個人自己做不到又愛講，而且很吵」。

事實上，我是個從小六到國三都遭受同學欺負的人。

不論是運動或是課業成績，我一概不行，對自己毫無自信。

因此，我刻意選擇不太有國中同學的高中就讀，想要在沒有人知道我的環境下，重新開始。

進了高中之後，我確實就沒再遭受同學欺負了。

然而，即使如此，無論是想望的未來或是目標都沒有的我，完全不知道自己該往哪裡走，每天只是毫無目的地到學校上學。

正值我徬徨時，吉田老師擔任了我們的班導師。

一開始，我聽著吉田老師每天說著那些改變自己、實現夢想的方法時，只覺得：

「這個人到底在說什麼呀？」

但是慢慢地，我就被他的話所吸引。

然後，某一天放學後，我一個人在教室發呆。

「怎麼了？你還不回家嗎？」

那天是我第一次有機會跟吉田老師好好談話。

因此，我試著開口詢問老師我一直以來的疑問。

「老師跟我們說了很多，您說的事都是真的嗎？我們成績都沒那麼好，真的可以去東京六大名校讀書嗎？」

我有一點挖苦地問老師。

經我一問，吉田老師認真地看著我的眼睛，然後這麼說：

「當然，我覺得你們都可以上東京六大名校的。」

「因為每個人身上都有沉睡著的才能種子呀。」

接著，老師向我提出衝擊性的建議：

「你要不要自己試著檢驗看看，我所說的究竟是真的還是假的呢？我認為你是做得到的那一個喔。」

那天是我人生第一次被大人認真地這麼說，當時十六歲的我，內心震撼不已。於是我脫口說出：「我想要試試看，雖然沒什麼自信。」

那一天，也是我人生中第一次有目標、第一次打開了努力的開關。

因為吉田老師跟我說：「你的正義感很強，就當律師吧。」所以即使我的成績原本是在全高二中吊車尾，但就這樣開始踏上了努力讀書要成為律師的道路。

準備成為律師的道路上，我不只一、兩次失去信心，想打退堂鼓。每次我都會找吉田老師商量，最後我終於考上了第一志願大學的法律系。正是吉田老師那一句「你一定做得到」守護了我。

因為那句話的支持，我才能堅持奮鬥到最後的。

我想跟讀到這裡的各位說，這本書就是要告訴你們每個人「你也能改變人生」「你一定做得到」。

就如同吉田老師之於我一般，這本書，是一本你對人生感到迷惘時可以閱讀許多次的書。我希望它能成為支持你內心的一本聖經。

讓你的人生變成願望會成真，不斷發生奇蹟的人生吧。

為了達成這樣的願望，最最重要的心態之一就是，**要能對所有發生的事表示感謝**。

如果我問你：「在至今為止的人生中，最令你難過的是什麼事？」我想各位的答案都會不同，有人會說是與重要的人分離、死別、生病、被裁員、事業失敗、與父母關係不合等等。

舉例來說，我有位個案在他待業中時，生平第一次遺失了錢包。而且，當天錢包裡還裝了平常絕對不會裝入的幾十萬日圓。

絕望到頭的他，腦海中出現了「死」這個字，但後來他拚命地找工作。結果進到了一家以前絕對不敢想的優良企業，甚至獲得了極好的待遇。

我自己人生最難過的時期就是照護母親的那三年。

當時，我跟父親因吵架而關係破裂，辭去正職工作，到便利超商邊打工，邊靠銀行存款生活。

母親的憂鬱症康復之路遙遙無期，醫生甚至宣告「應該一輩子都只能跟憂鬱症為伍」。為了照顧母親，我與交往七年的女友分手，當時每天就像是在暗無天日的黑暗隧道中般過日子。

然而，現在回頭看，如果那時沒有照護母親，我絕對沒有機會以一位心理諮商師的身分出版這本書。

如果當時還在原公司上班，我現在可能過著另一種人生。

雖然一時不小心跟自行車擦撞，但如果沒有發生這件事，說不定會因為超速駕駛而發生更大的交通事故。

那時候，因為沒考上Ａ校，突發奇想地想要幫助更多的考生而興起了開補習班的念頭，後來也成功開業。

以上這些例子，**只要回過頭去看，任何人都會想起「那時候運氣真背的往事」**。

我在做諮商時，如果遇到為重病所苦的人們，都會向他們詢問：**「隨便一件都好，能不能想出一件『幸好，事情演變成這樣』的事？」**

結果，有個案這樣回覆我：

「在生病之前，跟家人一起共度的時間很少，現在可以好好跟家人相處了。」

「我實際感受到了身體的難能可貴之處，現在比以往還要認真照顧身體。」

當然，當人正值最難受的當頭，多會哀嘆：「為什麼會是我遇到這種倒楣事？」無法一下子轉換念頭，想成「所有發生的事都是為了我而發生的」。

但是，只要慢慢養成接受所有發生的事的「接納思考」，你對於苦難事件的看法與解讀也會改變。

只要改變話語，**就能把苦難的事當成是神為了讓你的靈魂往上一階覺醒所帶來的禮物**。

然後，隨著時間經過，你就能對所有發生在你身上的事懷抱感謝。

如此一來，與神的同步率提升後，你的世界也將會變得閃閃發亮。

然後，以往交託到他人手上的人生也會再次回到你手上。

我經由大學考試的經驗，發現了「以往覺得自己很糟糕，是因為父母跟這個社會帶給了我這種感覺。但後來我知道，這一切責任都在自己」。「問題不在能不能做，而在要不要做」，慢慢摸索後，我的人生也逐漸好轉。

當我一邊照護母親，一邊慢慢地看見自己，靈魂也因此覺醒了。

然後就如同這本書裡所介紹的，我藉由實踐提升「與神同步率」的方法，邂逅了我最愛的妻子、找到了我的天職，也如願地在石垣島快樂地生活著。這是我照護母親時完全無法想像的人生，但這一切都借助了神的力量達成了。

我每天都感謝神給予我協助，讓我能過超乎我能力範圍的人生。

這樣的我都能做到了，你當然也一定可以。

讓我們用「言靈」來得到無法想像的幸福人生吧。

各位能閱讀到最後，真是太感謝了。

希望有一天能與你們見面，並期待聆聽你們的奇蹟體驗。

心理諮商師 masa

七次的閱讀紀錄

我有個請求想要拜託重要的你。

這本書並不是只讀一次，然後想著「這真是本好書」「學到了」就可以束諸高閣的。我期望各位每一次讀都能感受到「言靈真奇妙」，然後想著「我想要親身實踐書裡的內容」而去行動，越是理解這本書要說的，越能提升與神的同步率。

因此，我做了一張表，放入希望各位「閱讀七次」的願望，並請將閱讀日期記錄下來。請務必在閱讀後，記下當天的日期。

當你讀完七次，你的世界應該也會變得明亮起來。

反覆閱讀七次，並在日常生活中實踐，就會發生奇蹟。

七次的閱讀紀錄

記下閱讀完畢的日期，再試著也一併寫下發現的事與感想。

每一次讀完，你的人生應該都會有所轉變。

次數	閱讀 完畢日	發現與感想紀錄
1		
2		
3		
4		
5		
6		
7		

謝辭

我衷心感謝曾經給煩惱又迷惘的我，傳授了許多智慧的齋藤一人老師與小林正觀老師。

我向這兩位老師學習他們的教導，並積極實踐，最終，我實際感受到了「言靈的厲害之處」，並學會了「讓人生豐盛的思考方法」。多虧了這兩位老師的睿智，把我從人生低谷中拯救出來。無論是現在或是以往，未來我也要持續把跟這兩位老師學習的智慧，傳授給有緣人，我認為這是我這一生的使命之一。

接著，我要由衷感謝向我提出企劃的編輯大井智水先生。就是他把我所有的Youtube影片與部落格完整地看完讀完，帶著熱情跟我提出「我們來出版言靈的書吧」的要求，打動了我的心。

然後是幫忙編輯的塩尻朋子女士，我跟在她身邊，向她學習長年經驗，好多次都為我打開眼界，我打從心底尊敬她。

我跟大井先生與塩尻女士三個人為了本書開了無數次的會，終於盡全力出版了這一本最棒的言靈書。可以說沒有一絲後悔。我們宛如校慶時的主辦單位般，比任何人都還要享受編輯製作這本書。我一輩子都不會忘記這無可取代的經驗。

這本書得以出版，要感謝許多人士的支持。設計與印刷裝禎的人們、業務部的人們，以及幫忙把書運到書店的通路商等等。先有把書陳列在書店書架上的店員，而後有拿起本書閱讀的各位，我由衷感謝這奇蹟般的緣分。

這次出書的經驗，讓我又再一次感覺到，我們並不是獨自一人存活著，許多人的思考都是串連著的。

「生你的時候，我大出血，當時我跟你兩個人都面臨生命危險。但是，經由輸血搶救，最終我們得以活了下來。」

從小，母親就經常說這段出生的故事給我聽。

當然，我並不記得當時發生的事，只是在成長過程中經常聽母親這麼說。即使是現在，打電話給母親時，她還是會像是說第幾百遍的台詞般繼續說：「這麼說來，你出生時，我大出血……」

當然，我每次聽都像是第一次聽到般反應（笑）。

我這一條命是某人的血液與善意救起來的。

因為母親的洗腦，我從高中二年級起就會定期捐血。

現在也持續這麼做，每年我要捐血兩次，各四百毫升。

說不定，我的血液也跟某人的命相連結。

如同受人捐血而獲救的我的生命那般，期望這本我全心付出所寫的言靈書，能安頓某人的心，讓它成為人們能在明天帶著微笑繼續活下去的精神食糧。

Note

Note

世茂出版　好書推薦

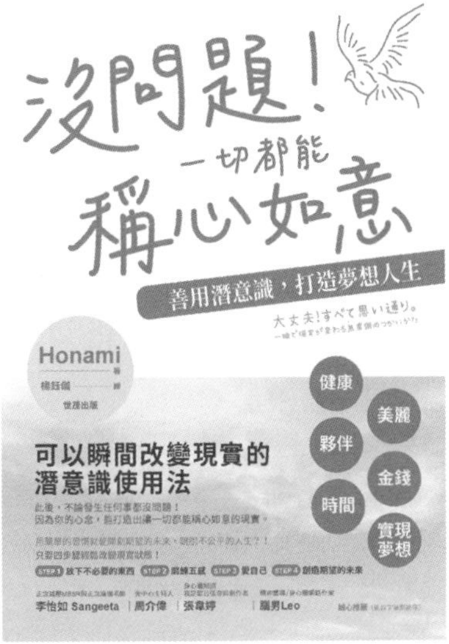

沒問題！一切都能稱心如意：善用潛意識，打造夢想人生

作者：Honami

可以瞬間改變現實的潛意識使用法

此後，不論發生任何事都沒問題！
因為你的心念，能打造出讓一切都能稱心如意的現實。

健康 美麗 夥伴 金錢 時間 實現夢想

用簡單的習慣就能開創期望的未來，跳脫不公平的人生？！
只要四步驟輕鬆改變現實狀態！

國家圖書館出版品預行編目(CIP)資料

與神同步：不斷顯化願望的「奇蹟的言靈/
Masa；簡毓棻譯. -- 初版. -- 新北市：世茂
出版有限公司, 2023.10
面； 公分. -- (新時代；A30)
ISBN 978-626-7172-60-5(平裝)

1. CST：超心理學 2. CST：靈修

175.9 112012812

新時代A30

與神同步：不斷顯化願望的「奇蹟的言靈」

作　　者／Masa
譯　　者／簡毓棻
主　　編／楊鈺儀
責任編輯／陳怡君
封面製作／林芷伊
出 版 者／世茂出版有限公司
地　　址／(231)新北市新店區民生路19號5樓
電　　話／(02)2218-3277
傳　　真／(02)2218-3239（訂書專線） 單次郵購總金額未滿500元（含），請加80元掛號費
劃撥帳號／19911841
戶　　名／世茂出版有限公司
世茂網站／www.coolbooks.com.tw
排版製版／辰皓國際出版製作有限公司
印　　刷／傳興彩色印刷有限公司
初版一刷／2023年10月

ＩＳＢＮ／978-626-7172-60-5
ＥＩＳＢＮ／9786267172629(PDF)9786267172636(EPUB)
定　　價／380元